Pais em construção

COORDENAÇÃO EDITORIAL
Rejane Villas Boas Tavares Corrêa
e Fabiana Nunes Ribas

Pais em construção

Literare Books
INTERNATIONAL
BRASIL · EUROPA · USA · JAPÃO

© LITERARE BOOKS INTERNATIONAL LTDA, 2023.
Todos os direitos desta edição são reservados à Literare Books International Ltda.

PRESIDENTE
Mauricio Sita

VICE-PRESIDENTE
Alessandra Ksenhuck

DIRETORA EXECUTIVA
Julyana Rosa

DIRETORA COMERCIAL
Claudia Pires

DIRETORA DE PROJETOS
Gleide Santos

CONSULTORA DE PROJETOS
Amanda Dias

EDITOR
Enrico Giglio de Oliveira

EDITOR JÚNIOR
Luis Gustavo da Silva Barboza

ASSISTENTE EDITORIAL
Felipe de Camargo Benedito

REVISORES
Ivani Rezende e Margot Cardoso

CAPA E DESIGN EDITORIAL
Lucas Yamauchi

IMPRESSÃO
Gráfica Paym

Dados Internacionais de Catalogação na Publicação (CIP)
(eDOC BRASIL, Belo Horizonte/MG)

P149   Pais em construção: um guia de educação parental e inteligência emocional para pais que querem sua melhor versão / Coordenadoras Rejane Villas Boas, Fabiana Nunes Ribas. – São Paulo, SP: Literare Books International, 2023.
216 p. : 16 x 23 cm

Inclui bibliografia
ISBN 978-65-5922-708-2

1. Crianças – Formação. 2. Parentalidade. 3. Inteligência emocional. I. Villas Boas, Rejane. II. Ribas, Fabiana Nunes.
CDD 649.1

Elaborado por Maurício Amormino Júnior – CRB6/2422

LITERARE BOOKS INTERNATIONAL LTDA.
Rua Alameda dos Guatás, 102
Vila da Saúde — São Paulo, SP. CEP 04053-040
+55 11 2659-0968 | www.literarebooks.com.br
contato@literarebooks.com.br

Os conteúdos aqui publicados são da inteira responsabilidade de seus autores. A Literare Books International não se responsabiliza por esses conteúdos nem por ações que advenham dos mesmos. As opiniões emitidas pelos autores são de sua total responsabilidade e não representam a opinião da Literare Books International, de seus gestores ou dos coordenadores editoriais da obra.

SUMÁRIO

7   PREFÁCIO
          Jacqueline Vilela

11   **CRIANÇAS PEQUENAS E ADOLESCENTES**

13   O DESENVOLVIMENTO INFANTIL
          Alessandra R. V. Bastos e Elaine A. Godoy de Oliveira

21   ORIENTAÇÃO AOS PAIS NO FUNCIONAMENTO DO ADOLESCENTE
          Ana Paula Syqueira e Daniele Coelho

31   DISCIPLINA POSITIVA PARA ADOLESCENTES
          Débora Grynszpan

39   DISCIPLINA POSITIVA: CONVITE PARA UM NOVO OLHAR NA EDUCAÇÃO DE CRIANÇAS E ADOLESCENTES
          Alice Reuter e Marília Barini

49   UM CAMINHO DE AMOR E RESPEITO: UMA ABORDAGEM PARA A PARENTALIDADE EMPÁTICA E RESPEITOSA
          Nayara Barrocal

57   **ABORDAGENS TEÓRICAS PARA A PARENTALIDADE**

59   APEGO SEGURO: O QUE É? COMO SE ELABORA? BENEFÍCIOS PARA A VIDA
          Fabiana Nunes Ribas

69   O EDUCADOR PARENTAL NAS ESCOLAS
          Érica Cirilo e Melma Monteiro

77   DESAFIOS DA PARENTALIDADE: *BULLYING*
          Luciane Keller Moran Rigon

85   CRIANÇAS EM PERIGO: AUTORITARISMO PARENTAL, OBEDIÊNCIA INFANTIL E VULNERABILIDADE AO ABUSO SEXUAL
          Marcia Ferreira Amendola

93	UM ESTILO DE VIDA: A PARENTALIDADE CONSCIENTE **Marion Marcotte**
101	MEU FILHO TEM UMA DOENÇA CRÔNICA, E AGORA? **Miriam V. Flor Park**
111	PSICOLOGIA INTERCULTURAL APLICADA À EDUCAÇÃO PARENTAL NO PROCESSO DE IMIGRAÇÃO E EXPATRIAÇÃO **Rejane Villas Boas Tavares Corrêa**
119	PARENTALIDADE ATÍPICA: COMO PODEMOS ENTENDER E ACOLHER ESSA FAMÍLIA? **Vilma Cristina F. D. Luz e Marion Marcotte**
127	INTELIGÊNCIA EMOCIONAL E PARENTALIDADE **Maricleuma Köhler Souza**
137	NEUROCIÊNCIA A SERVIÇO DA EDUCAÇÃO PARENTAL **Walerya Quezado Pinto**

147 ASSUNTOS DIVERSOS QUE IMPACTAM NA PARENTALIDADE

149	POR QUE TEMEMOS TANTO O CONFLITO? **Ana Paula Dini**
159	A IMPORTÂNCIA DO AUTOCONHECIMENTO E DO AUTOCUIDADO NA PARENTALIDADE **Daniele Maestri Battisti Archer**
169	A PARENTALIDADE ATRAVÉS DOS TEMPOS **Denise Rodrigues e Nayara Alcanfor**

177 AMBIENTE FAMILIAR

179	A INFLUÊNCIA DO AMBIENTE FAMILIAR NO DESENVOLVIMENTO EMOCIONAL DA CRIANÇA **Fátima Chaves e Waldyane Zanca Coutinho**
189	SAÚDE MENTAL E A FAMÍLIA: SUPRINDO E REPARANDO NECESSIDADES EMOCIONAIS CENTRAIS NÃO ATENDIDAS **Flavia Muniz Menezes**
199	A IMPORTÂNCIA DA EDUCAÇÃO SOCIOEMOCIONAL DENTRO DE CASA **Juliana Mayeda**
209	USO DA TECNOLOGIA NA INFÂNCIA E NA ADOLESCÊNCIA **Patricia Regina de Souza e Deisiane Teodoro**

PREFÁCIO

Fomos convencidos de que não precisávamos estudar para educar; que só amor e instinto bastavam; que tudo é linear e lógico: nove meses de gravidez, seguidos de licença maternidade, a qual garantirá a conexão com aquele lindo serzinho que veio trazer alegria para a vida dos pais e de toda a família. Por fim, é só seguir o fluxo, afinal, é um processo natural e biológico.

Porém, só depois que nos tornamos pais é que realmente compreendemos o que faltava nessa linda história romântica. Fraldas, choros, noites maldormidas, vacinas, cólicas e todos os outros imprevistos que não param aí. Até porque os filhos seguem crescendo e trazendo novos e inesperados desafios, e isso sem nenhuma cartilha ou dicionário. E se não bastasse os cuidados para garantir a sobrevivência física, ainda nos deparamos com as demandas emocionais e psicológicas, com os comportamentos fora do padrão, com os diagnósticos inesperados e com as surpresas que cada fase nos proporciona.

Mesmo assim, ainda existe, culturalmente, o tabu de vestirmos, perante a sociedade, uma máscara social de que filhos são perfeitos, não fazem birra, obedecem, não têm vontade própria e devem ser controlados a agir 100% de acordo com a vontade dos pais, assim como a educação tradicional transmitiu de geração para geração.

Mas o mundo mudou e continua mudando muito rápido. A história, as estatísticas e, muitas vezes, nossos próprios olhos nos mostram que seguir esses velhos paradigmas criará uma onda crescente de famílias doentes, pais frustrados e filhos ansiosos e depressivos.

Valores herdados colidem com valores adquiridos, criando um campo de batalha interior. O que manter? O que transformar? A busca por essas respostas nos leva a reconstruir não apenas nossas famílias, mas a nós mesmos. A reconstrução nos leva a questionarmos as formas de educação anteriores, com o intuito de entendermos que as pesquisas científicas sobre parentalidade evoluíram, assim como os desafios mudaram e as formas de educar precisam acompanhar esse fluxo.

A educação parental é o que há de mais moderno e revolucionário no conjunto de práticas, estratégias e abordagens que pais ou cuidadores utilizam para criar, educar e orientar seus filhos neste mundo pós-moderno. A família, sendo a base da sociedade, precisa, mais do que nunca, desse ambiente rico, saudável e favorável ao crescimento, desenvolvimento emocional, social e cognitivo das crianças.

Cuidar da família é proteger o mundo em que vivemos, pois são nas dinâmicas familiares que aprendemos a nos relacionar, lidar com conflitos, regular nossas emoções e construir nosso modelo de mundo.

Por meio da educação parental, encontramos técnicas para desenvolver empatia, disciplina, comunicação, estabelecimento de limites, demonstração de afeto, resiliência, resolução de conflitos, apoio emocional e orientação moral. Afinal, uma família estável e amorosa é o solo fértil no qual essas jovens sementes irão crescer.

Foi da necessidade de criar esse solo fértil que nasceu o livro *Pais em construção*. As coordenadoras Rejane Villas Boas e Fabiana Nunes Ribas se uniram com um lindo propósito: dar voz a profissionais que se dedicam exclusivamente a despertar pais para a importância de se ter um guia para conseguirem migrar da educação tradicional – tão severa, autoritária e punitiva – para o que há de mais atual na deliciosa, mas também desafiadora, tarefa de criar filhos.

Com uma linguagem acessível, simples e científica, *Pais em construção* revela o papel fundamental da educação parental. Destacando como o conceito evoluiu para atender às necessidades de uma sociedade em transformação. Ler cada capítulo é embarcar em uma jornada que transcende as palavras escritas. Este livro é uma sinfonia de ideias, um convite para explorar a nossa própria parentalidade em um mundo em constante mudança.

Cada página é uma jornada para compreender essa base familiar, na qual pais e mães desempenham papéis essenciais. *Pais em construção* é mais do que um livro, é um chamado à reflexão sobre os pilares que sustentam nossa existência.

Uma obra escrita com muito cuidado, por profissionais dispostos a colocar, em palavras, suas experiências como educadores parentais, passando pela arte de entender a complexidade do conceito de família e as mudanças sociais que a moldam. Os profissionais que atuam nesse campo são guias seguros, que auxiliam os pais na navegação pelas águas incertas da paternidade e da maternidade. Eles trazem conhecimento e ciência para iluminar o caminho, mostrando como equilibrar a individualidade com o funcionamento saudável do sistema familiar.

Ao mergulhar nas páginas deste livro, você encontrará um menu experimental de temas, que despertará sua curiosidade e irá guia-lo rumo a uma parentalidade mais consciente. *Pais em construção* não apenas informa, mas inspira a ação. É um farol a guiar pais em busca de um caminho mais significativo e autêntico, lembrando sempre que a parentalidade perfeita não existe, mas ainda assim é possível trilhar caminhos mais assertivos para um educar com significado e vínculos seguros.

Uma educação transformadora começa com a própria educação dos pais. Este livro é um chamado para que possam educar com respeito, rompendo ciclos negativos e construindo bases sólidas para o futuro. Ao abraçar a sua jornada de parentalidade por meio deste livro, você não está apenas mudando sua família, mas a sociedade ao seu redor.

À medida que as palavras fluem, você descobrirá histórias de profissionais apaixonados e dedicados, cujas vozes se unem para um propósito maior: o de trazer clareza para que possa sair do ciclo da culpa, do conflito e da dinâmica disfuncional, e consiga alcançar relações saudáveis. Eles compartilham sua sabedoria para tornar acessível a educação parental, permitindo que você avance com confiança nessa jornada de transformação.

Pais em construção é mais do que um livro. É o guia para um movimento, um manifesto para uma paternidade e uma maternidade que transcendem os limites do passado. Aqui, encontraremos o poder de educar para que pais construam um futuro em que a família será o alicerce da sociedade.

Com este livro em mãos, você terá um mapa, um caminho claro e objetivo para abraçar uma parentalidade mais consciente e respeitosa. Juntos, podemos impactar profundamente nossas famílias e, por consequência, o mundo.

Sinto-me honrada pelo convite a escrever o prefácio de uma obra dessa dimensão. Como uma das precursoras na educação parental e formadora de profissionais, acredito que obras como esta ampliam o olhar, tanto dos pais quanto dos próprios educadores parentais, para a potência de transformarmos as famílias, uma de cada vez, a começar pela nossa.

Jacqueline Vilela

CRIANÇAS PEQUENAS E ADOLESCENTES

O DESENVOLVIMENTO INFANTIL

Este capítulo propõe um panorama do desenvolvimento cognitivo infantil, também levará os leitores a refletir acerca da criança atual, inserida em um contexto social, amplamente tecnológico, que conecta e, ao mesmo tempo, afasta o ser humano de suas principais relações básicas com a família e com o mundo. Trará algumas orientações sobre o que esperar de algumas fases do desenvolvimento infantil e algumas sugestões de como se conectar, de forma saudável, com a criança.

**ALESSANDRA R. V. BASTOS E
ELAINE A. GODOY DE OLIVEIRA**

Alessandra R. V. Bastos CRP 08/39280

Psicóloga e educadora, pós-graduada em gestão e orientação educacional, especializada em educação infantojuvenil, educação parental e inteligência emocional. Trabalhou como educadora nas séries iniciais por mais de 25 anos; e como educadora parental, orientando pais e filhos nas mais diversas faixas etárias. Atualmente, atua no Brasil e no exterior no atendimento clínico a pais e filhos. Sua primeira formação é Letras/ Inglês.

Contatos
alebastos.psi@gmail.com
Instagram: @alessandrabastos.psicologia
41 99648 6348

Elaine A. Godoy de Oliveira CRP 06/67787

Psicóloga e psicopedagoga, pós-graduada em educação parental e inteligência emocional. Formada desde 2002, atuou em ONGs até 2018. Atualmente, sua dedicação é em clínica, no atendimento infantojuvenil e de adultos.

Contatos
elainegodoy_psi@hotmail.com
Instagram: @elainegodoy.psi
11 97599 4549

Alessandra R. V. Bastos e Elaine A. Godoy de Oliveira

Queridos pais em construção, este capítulo visa falar um pouco sobre o desenvolvimento infantil. Isso não significa que colocaremos aqui todas as teorias estudadas até então a respeito dessa temática.
Queremos, principalmente, favorecer o entendimento de vocês, como pais de crianças dessa faixa etária, para essa fase tão cheia de novidades e descobertas, a partir do compartilhamento da nossa experiência profissional e pessoal.

O desenvolvimento infantil consiste numa sequência ordenada de transformações progressivas, resultando num aumento do grau de complexidade do organismo; distingue-se de crescimento por referir-se às alterações da composição e funcionamento das células, à maturação dos sistemas e órgãos e à aquisição de novas funções.

Segundo Jean Piaget, há quatro fases do desenvolvimento infantil quanto à cognição: sensório-motor, pré-operatório, operatório concreto e operatório formal. Essas fases do desenvolvimento ajudam pais, médicos e professores a perceber quando o desenvolvimento da criança não está acompanhando o esperado. Essa teoria dá ênfase à importância da experiência e da interação social na construção do conhecimento infantil, de acordo com as quatro fases do desenvolvimento cognitivo:

- Estágio sensório-motor (0-2 anos).
- Estágio pré-operatório (2-7 anos).
- Estágio operatório concreto (7-11 anos).
- Estágio operatório formal (11 anos em diante).

Essa teoria se tornou uma das mais influentes na compreensão do desenvolvimento cognitivo humano, cada uma com características específicas que são impulsionadas pela interação com outras crianças e o seu ambiente.

Outra contribuição importante para o estudo do desenvolvimento infantil veio do psicanalista austríaco Sigmund Freud, propondo que a personalidade se desenvolve em três estágios: o estágio oral (0 – 1 ano), o estágio anal (1– 3 anos) e o estágio fálico (3 – 6 anos). Nessa teoria, Freud enfatiza o importante papel da experiência emocional e conflitos inconscientes na formação da personalidade.

Além desses, outros teóricos contribuíram para o estudo do desenvolvimento infantil e continuam ainda hoje, com o avanço da tecnologia, oferecendo neuroimagens e estudos de genômica. Os estudos têm se concentrado mais na interação entre fatores biológicos e ambientais, abrangendo a influência da genética, da cultura e do contexto social. Essas novas tecnologias estão permitindo uma compreensão mais detalhada não apenas do desenvolvimento infantil, mas também do desenvolvimento humano como um todo.

Os estudos continuam a avançar com grupos multidisciplinares que combinam informações da medicina, psicologia, neurociência, entre outras disciplinas; os pesquisadores têm feito novas descobertas e criado teorias sobre o desenvolvimento infantil e humano de forma integral.

Sendo assim, essas novas pesquisas trazem descobertas diferentes, nos mostrando muitas novidades na forma como o ser humano se desenvolve. Atualmente, o que mais ouvimos dos pais, cuidadores e professores é: o que está acontecendo com nossas crianças?

Antigamente, os pais educavam por meio de intuição ou do que aprenderam com seus pais. Hoje, o que vemos são pais que não sabem como lidar com seus filhos; perdidos em um mar de informações, inundados de textos de especialistas, anônimos etc. Os pais de hoje estão, muitas vezes, mais perdidos do que obtendo um suporte, no momento de tanta angústia na qual estão vivendo.

Como saber se o meu filho está se desenvolvendo de uma forma normal?

Como construir relacionamentos verdadeiramente sólidos com o meu filho?

Como estimular para fazer com que ele desenvolva todas as suas potencialidades?

As crianças e os adolescentes estão num processo de transformação constante, por isso é tão difícil hoje entender e tentar ajudá-los quando estão perdidos e não sabem como lidar com todas as mudanças acontecendo ao seu redor; corporal, cultural e por aí vai...

Sem a pretensão de esgotar os questionamentos aqui levantados, mas, sim, na intenção de dar um *start* nesse desafio de ser pai e mãe, vamos aqui trazer algumas sugestões para que você se sinta mais encorajado a descobrir esse universo tão rico e inesgotável.

O desenvolvimento infantil pode ser avaliado em várias áreas, incluindo habilidades motoras, sociais, emocionais, habilidades de comunicação e linguagem; também habilidades cognitivas.

Aqui estão algumas maneiras de avaliar o desenvolvimento infantil em cada uma dessas áreas.

1. Habilidades motoras

A partir do nascimento até os dois anos de idade, os marcos do desenvolvimento motor incluem coisas como rolar, sentar-se sem apoio, engatinhar, andar e correr; além disso, a criança deve ser capaz de usar suas mãos e dedos para pegar um objeto e se envolver em atividades de construção. Para avaliar o desenvolvimento motor, observe se a criança está atingindo esses marcos dentro do prazo esperado e se está se movendo de forma coordenada.

2. Habilidades sociais e emocionais

Essas incluem coisas como sorrir em resposta a estímulos sociais, estabelecer contato visual, expressar emoções, compartilhar brinquedos e interagir com outras crianças.

Para avaliar o desenvolvimento social e emocional, observe como a criança interage com outras crianças e adultos, como ela lida com mudanças e novas situações e como ela expressa suas emoções.

3. Habilidades de comunicação e linguagem

As habilidades de comunicação e linguagem incluem coisas como reconhecer e responder a palavras e frases, imitar sons e palavras e usar palavras para se comunicar. Para avaliar o desenvolvimento de linguagem e comunicação, observe se a criança está começando a imitar sons e palavras. Se ela está começando a usar palavras para se expressar e se ela está entendendo comandos simples.

4. Habilidades cognitivas

As habilidades cognitivas incluem coisas como resolver problemas, entender conceitos simples, reconhecer objetos e pessoas, aprender pela observação.

Para avaliar o desenvolvimento cognitivo, observe como a criança interage com o mundo ao seu redor, como ela lida com objetos e brinquedos; e se ela está demonstrando curiosidade e interesse pelo seu ambiente.

Pais em construção

É muito importante lembrar que cada criança se desenvolve em seu próprio ritmo, que nem todas as crianças alcançam os marcos de desenvolvimento exatamente no mesmo momento; é necessário ter paciência e muito afeto. Se você estiver com preocupações sobre o desenvolvimento do seu filho, converse com um pediatra ou profissional de saúde infantil para obter orientação e aconselhamento adequados. Se sua criança já frequenta berçário ou um centro de educação infantil, procure manter contato com as pedagogas e fique atento aos apontamentos que elas fazem em relação aos comportamentos que sua criança tem quando está fora do seu campo de observação.

Para que haja um desenvolvimento saudável e feliz, também é necessário que seja construído um relacionamento sólido com a criança. Aqui estão algumas sugestões para ajudar na construção de uma conexão significativa e forte com a criança:

- **Esteja presente:** reserve um tempo para passar com a criança regularmente; demonstre que você está interessado na vida dela, em ouvir o que ela tem a dizer.
- **Seja consciente:** mantenha suas promessas e seja consistente em suas expectativas e consequências. Crianças precisam de previsibilidade e confiança em seus relacionamentos.
- **Comunique-se claramente:** fale com a criança de forma clara e objetiva. Use uma linguagem simples e direta para que ela possa entender facilmente o que você está dizendo. Busque a comunicação não violenta, mais humana e, acima de tudo, respeitosa.
- **Demonstre afeto:** mostre para a criança que você se importa com ela, por meio de abraços, beijos e palavras de afeto. Elogie esforços e conquistas.
- **Ouça atentamente:** quando a criança falar com você, ouça atentamente e demonstre interesse em seus pensamentos e sentimentos. Se possível, se coloque numa posição em que seus olhos fiquem na mesma altura dos olhos da criança.
- **Ofereça apoio emocional:** ajude a criança a lidar com emoções difíceis, oferecendo conforto e apoio emocional. Acolha as emoções da criança, mostrando a ela o quanto pode contar com você nas horas difíceis; e abra portas para um diálogo importante sobre emoções.
- **Faça atividades conjuntas:** envolva-se em atividades que a criança goste, como leitura, arte, esportes e jogos. Isso ajudará a criar memórias positivas e fortalecer o vínculo entre vocês.
- **Respeite as escolhas:** permita que a criança faça escolhas e tome decisões apropriadas para a idade, demonstrando que você respeita às opiniões.

Construir um relacionamento sólido com uma criança é um processo contínuo. Leva tempo, paciência, esforço e afetividade, mas os benefícios para crianças e para você são inestimáveis em curto, médio e longo prazo.

Os pais, que precisam trabalhar cada vez mais para dar conta das despesas com a casa, estudo etc., acabam não tendo tempo de qualidade para ficarem com os filhos. Diante disso, os *smartphones* e a televisão ficam cada vez mais disponíveis para as crianças e adolescentes, os quais, acabam ficando totalmente vulneráveis e expostos ao consumo e à valorização do "ter" e não da importância do "ser" e da qualidade do relacionamento familiar.

E aqui deixamos algumas perguntas: Qual tipo de adulto queremos que nossos filhos se tornem?

Como desejamos que eles lidem com as angústias e a insegurança de um mundo moderno?

O mundo exige cada vez mais dos nossos filhos: eles precisam lidar com tudo ao mesmo tempo, precisam ser multitarefas... Se isso nos assusta enquanto adultos, imagine para eles.

Sobre essas perguntas, não temos uma resposta exata, porém sabemos que aprendemos muito mais com exemplos, atitudes, do que com muita fala. As crianças nos observam muito mais do que imaginamos. Pedimos atenção, mas será que estamos dando atenção de qualidade? E isso não é uma cobrança, e sim para refletirmos sobre questões que permeiam nossa vida o tempo todo.

Nós queremos que sejam mais seguros e saibam lidar com suas angústias, mas de que forma estamos ensinando isso a eles? Será que nós sabemos lidar com essas questões, sabemos acolher o choro e o medo?

Precisamos nos conectar com nossos filhos de forma muito clara e afetuosa, para que se sintam amados e encorajados a lidar com as adversidades da vida, para se tornarem adultos confiantes, capazes de lidar com angústias e frustrações.

O contato com nossos filhos precisa ser leve, tranquilo, para que sintam vontade de querer contar como foi o dia deles ou qual foi a dificuldade enfrentada. E estamos falando novamente de conexão. Essa palavra é muito importante para que o vínculo com nossos filhos seja forte o bastante para vencer qualquer batalha.

Referências

HALL, C. S.; LINDZEY, G. *Teorias da personalidade*. São Paulo: E.P.U., 1984.

PIAGET, J. *Seis estudos de psicologia*. São Paulo: Florence, 2002.

02

ORIENTAÇÃO AOS PAIS NO FUNCIONAMENTO DO ADOLESCENTE

Neste capítulo, elucidaremos pontos do desenvolvimento do adolescente. A falta de informação leva a pais confusos, por não conseguirem orientar seus filhos, e a jovens angustiados, que não sabem lidar com o que pensam e sentem. Isso resulta em relacionamentos parentais desvinculados e sem conexões. Compreender o funcionamento do adolescente permite entender as mudanças e fortalece as relações entre pais e filhos.

ANA PAULA SYQUEIRA E DANIELE COELHO

Ana Paula Syqueira

Psicóloga e educadora parental. Atua na área clínica desde 2005, com atendimentos para adolescentes e orientação aos pais. Especialista em Adolescência pelo Instituto Sedes Sapientiae, *practitioner* em programação neurolinguística, facilitadora do programa "Encorajando Pais" e pós-graduada em educação parental e inteligência emocional. Palestrante educacional e empresarial para pais, educadores e profissionais sobre o desenvolvimento humano e habilidades socioemocionais.

Contatos
www.anapaulasyqueira.com.br
anapaulasyqueira@gmail.com
Instagram: @anapaulasyqueira
11 98371 6235

Daniele Coelho

Arte-educadora, graduada pela FAAM (1996), pós-graduada em Educação Parental e Inteligência Emocional, pela Unifast/Academia Parent Brasil (2023). Especialização em Arteterapia (2021), pelo Instituto Freedom. *Coach* Para Pais pela The Parent Coaching Academy e especialista em *Coaching* Infantil pelo método *KidCoaching* pelo ICIJ (2016). Idealizadora dos programas Criativamente (educação emocional para o ensino fundamental I) e Despertando elfos (empreendedorismo para adolescentes). Mãe de duas meninas que me fazem ser cada vez mais apaixonada pelo desenvolvimento humano. Foi por elas que trilhei essa caminhada, para ser minha melhor versão sempre. Dedico este livro ao meu esposo, Robson de Moraes (*in memoriam*), por sempre me apoiar nos meus estudos e nesta jornada de transformação.

Contatos
ateliecoach@gmail.com
Instagram: @danielecoelhodemoraes
11 98643 8122

adolescência é uma das fases mais incríveis e potentes da vida, mas infelizmente é vivenciada por muitos adolescentes e pais como um verdadeiro caos. O termo adolescência vem do latim *adulescens* ou *adolescens*, que significa crescer. O processo adolescer é um caminho instável e cheio de surpresas. É como comprar a passagem sem saber o destino. Então, convidamos você para embarcar conosco numa viagem de trem pela adolescência, na qual vamos abordar um pouco sobre o funcionamento da locomotiva e as possibilidades que se abrem a cada estação dessa viagem.

A locomotiva: o funcionamento cerebral

Quando programamos uma viagem, geralmente traçamos uma rota. Entender sobre as alterações neurológicas pelas quais nossos filhos são submetidos é como ter o mapa dos trilhos que esse trem poderá percorrer e quais os possíveis destinos.

A estrutura cerebral, dentre todos os outros órgãos do corpo humano, é a mais incompleta no nascimento; nascemos com apenas 40% do tamanho que terá na vida adulta. Durante o desenvolvimento, assim como o tamanho, todas as ligações internas e conexões neurais se alteram e, de acordo com a neurociência, o cérebro só estará totalmente formado por volta dos 25 anos.

Quando nós, pais, nos deparamos com o fato de ver os filhos crescidos, com corpos praticamente formados, rapazes fazendo suas barbas, meninas que já menstruam e podem engravidar por desconhecimento, acreditamos que eles estão aptos para compreender as situações da vida e esse é um grande engano. A capacidade cerebral na adolescência é como uma Ferrari abastecida, mas sem os devidos testes de pista e com um motorista que não foi devidamente treinado para guiá-la. Eles possuem muita energia e vigor e precisam ser devidamente orientados para expandir suas habilidades e se integrarem internamente.

Muitos acreditam que os comportamentos de instabilidade, impulsividade e intensidade estão apenas relacionados aos hormônios; e isso é um grande mito. Claro que há alterações hormonais, porém não são as principais vilãs e não estão sozinhas determinando o que acontece com os jovens. Os adolescentes alteram seus comportamentos, pois seu cérebro está numa verdadeira revolução.

Dos doze até os vinte e quatro anos, o cérebro se amplia. Temos uma abundância de substância cinzenta que abriga a maioria das células cerebrais, os chamados neurônios, que são responsáveis pelo envio de informações que irão gerar pensamentos, percepções, movimentos e o controle das funções corporais. Os neurônios precisam se ligar uns aos outros para que as informações se propaguem, bem como à medula espinhal para que o cérebro possa controlar o corpo, os comportamentos, os pensamentos e as emoções. A comunicação entre os neurônios é denominada sinapse, que é responsável por transmitir as informações de um neurônio ao outro. A estruturação ocorre de maneira a subsidiar primeiro a área cerebral responsável pela nossa sobrevivência e pela nossa interação com o ambiente: visão, audição, equilíbrio, tato, coordenação e noção de espaço; assim como o controle das funções corporais: fome, sede e os instintos de defesa.

Para entendermos melhor, o cérebro é dividido estruturalmente em quatro partes (conhecidos como lobos): frontal (parte anterior), parietais (parte superior), temporais (partes laterais) e occiptais (parte posterior).

O cérebro adolescente percorre cerca de 80% do caminho para a maturidade; os 20% restante são as conexões mais delicadas e cruciais. Quando essa área denominada pré-frontal se conecta às partes mais centrais e posteriores do cérebro, temos, então, a integração cerebral, que permite a criação das principais funções de autoconsciência, raciocínio, planejamento, tomada de decisões, empatia e até moralidade.

Próximo ao centro do cérebro, na parte mais inferior, temos o sistema límbico, também conhecido como cérebro emocional. É um grupo de estruturas responsável por todas as respostas emocionais nos mamíferos, assim como comportamentos instintivos e de autopreservação. Originam emoções e sentimentos, também são responsáveis por alguns aspectos da identidade pessoal, por funções ligadas à memória e ao aprendizado. Este sistema é como uma espécie de encruzilhada cerebral, na qual as experiências e as emoções se integram. A área límbica é mais ativa nos adolescentes do que em crianças e adultos. As emoções são mais rápidas e intensas, pois, segundo estudos, os fluxos de percepções são emitidos diretamente para as amígdalas, estruturas em forma de amêndoas que são responsáveis por respostas emocionais e comportamentos sociais. As amígdalas são bombardeadas por informações que chegam sem filtros e sem as mediações racionais, gerando nos adolescentes apenas respostas emocionais imediatas.

Essas pesquisas científicas realizadas com escaneamentos cerebrais em adolescentes, contribuem para entendermos o motivo que os levam a ter reações tão abruptas, intensas e, por vezes, até agressivas em situações que para nós podem ser neutras.

Outro ponto muito importante é que, em situações de pressão e perigo, a amígdala gera um sinal de medo e tensão, mas pode ter dificuldade em se ligar ao senso de julgamento e discernimento. Ou seja, ela detectou o perigo e o lobo frontal, responsável pelo raciocínio cortical, não reagiu. O que faz com que muitas vezes os adolescentes ajam apenas no impulso do momento e não saibam como lidar com as consequências das situações.

Nessa etapa da vida, há também um aumento na atividade de circuitos neurais utilizando a dopamina, um neurotransmissor importante na criação do impulso por gratificação, o que faz com que os jovens queiram permanecer em torno de experiências que gerem sensações estimulantes. Essa liberação aumentada de dopamina natural faz com que eles tenham aquela sensação poderosa de estarem vivos, amplificando apenas os benefícios, menosprezando os malefícios; sendo ainda mais ativada quando estão com os amigos. O que os cientistas nos dizem é que, na adolescência, a integração cerebral ainda está em construção, portanto os adolescentes são diferentes por dois aspectos incomuns em seu desenvolvimento: seu cérebro é mais poderoso e mais vulnerável do que em praticamente qualquer outra época da vida.

O cérebro adolescente é como uma poderosa locomotiva que traciona vagões, que a cada estação permite trocas preciosas com o ambiente social, complementando a formação do sujeito com valores e habilidades que o capacitará para a vida adulta.

Continuando a viagem, agora que já entendemos basicamente o funcionamento cerebral adolescente, vamos passar por algumas estações que podem ser vitais na formação de cada indivíduo.

Estação 1: a importância do vínculo

O que estrutura o trem é justamente a conexão entre os vagões, a qual precisa ser firme e segura. Se um se desconecta, terá muita dificuldade em se reconectar ao trem.

Construir uma relação parental com os filhos, desde a primeira infância, baseada na compreensão, empatia, diálogo e muito amor, pode prevenir muitos conflitos, pois esses ingredientes são importantíssimos para a construção de um bom vínculo, uma vez que regula, de forma significativa, as relações entre pais e filhos.

Adolescentes que possuem boas imagens parentais, com lembranças primárias amorosas, tendem a construir melhores vínculos com seus pais e, possivelmente, serão mais confiantes e seguros, o que permitirá menor afastamento dos mesmos; ao contrário daqueles que possuem em suas lembranças imagens hostis e pouco estáveis.

Esses, por sua vez, não se sentirão seguros em confiar ou não vão se identificar com essas figuras e, portanto, irão buscar personalidades mais consistentes e firmes.

Estação 2: valores

Os valores nos ajudam a escolher os caminhos, que trilhos seguiremos pela vida, que escolhas faremos e suas possíveis consequências.

Servindo como um guia para nossas decisões, eles direcionam nosso comportamento. São características que nos diferenciam dos outros, e estão relacionadas com nossa dignidade e moral. Funciona como uma bússola interna para nossas ações e relações.

Alguns exemplos são honestidade, respeito, responsabilidade, empatia, tolerância, entre outros.

Como identificar esses valores em nós, e transmitirmos para nossos filhos? Respondendo a algumas perguntas, isso pode trazer clareza:

- O que é importante para você na vida?
- O que inspira você?
- Que tipo de história deixa você com raiva?
- Que tipo de comportamento faz você se sentir desapontado?
- O que você deseja mudar sobre o mundo ou sobre si mesmo?
- Do que você mais se orgulha?
- Quando você se sente muito feliz?
- O que você quer deixar para seu filho?

Quando os valores estão alinhados com nossas escolhas, somos mais felizes e tudo flui melhor.

Nossos valores são passados para nossos filhos pela educação que ofertamos a eles, assim como o contato com a escola e a sociedade.

Estação 3: competências e habilidades

As habilidades e competências determinam a qualidade da viagem com que o trem segue.

Quais habilidades de vida você quer que seu filho tenha?

Competências são atributos que são desenvolvidos ou aperfeiçoados pelas de experiências interpessoais que vamos oferecendo aos nossos filhos por meio do contato com lugares, pessoas e cursos.

Habilidades são características intrínsecas que possuímos, ou seja, nossos talentos. Podem ser cognitivas, relacionadas à capacidade de aprendizagem ou motoras, condizente ao corpo, ao movimento; também sociais, que são relacionadas a interagir com outras pessoas, se relacionar.

Algumas competências importantes são: organização, autoconfiança, relacionamento interpessoal, pensamento criativo e proatividade.

Vamos classificar em *hard skills*, que são as competências técnicas que podemos trabalhar e desenvolver, e *soft skills*, aquelas que já estão em nós, ligadas à nossa personalidade.

A BNCC (Base Nacional Comum Curricular) prevê algumas habilidades fundamentais a serem trabalhadas nas escolas durante o ciclo da educação básica, por meio das atividades escolares, como projeto de vida, autoconhecimento, autocuidado, comunicação, empatia, cooperação e responsabilidade.

E você, como tem trabalhado suas competências e habilidades? E com seu filho?

Estação 4: preparação

A preparação determina a capacidade do trem atravessar obstáculos como túneis e subidas. Quanto mais estímulos oferecemos ao sujeito, melhor será a sua preparação para a vida adulta.

Se você chegou até aqui, pode ter a certeza de que a mala está bem carregada com coisas boas e com uma estrutura para uma fase adulta com melhores chances.

Perceber as mudanças de comportamento é um passo importante para entender as mudanças da infância para a adolescência.

Jovens gostam de defender as próprias ideologias e buscam figuras que possam não só apoiá-los, mas também debater e estabelecer trocas. Quando não se sentem respeitados e acolhidos pelos pais e/ou sociedade, passam a se comportar de forma oponente, por se sentirem julgados e ameaçados, principalmente quando esses insistem no reforço da autoridade.

Estação 5: estação final

Chegamos à estação final, mas não ao fim da linha.

Não é uma tarefa fácil e, muitas vezes, perdemos a razão pela exaustão diária, mas é preciso nos reconectarmos a nós mesmos, por meio de recursos como respiração, meditação e *mindfulness*.

Esperamos ter contribuído para que sua bagagem esteja mais equilibrada e que sua jornada tenha sido incrível até aqui.

O relacionamento entre pais e filhos adolescentes, que está pautado em confiança e diálogo, proporciona uma melhora significativa na autoestima dos jovens, bem como maiores índices de felicidade e de satisfação com a vida. Embora haja muitos conflitos durante essa fase, os adolescentes ainda contam com seus familiares para fornecer apoio emocional e ajudá-los na compreensão de limites.

Faço um convite a vocês, pais, para pensarem como foi a sua adolescência e como isso interfere na relação com seus filhos.

E, se em algum momento, você desceu na estação errada, não há problema. Corrija a rota, pegue seu trajeto novamente e siga em frente. Mudanças são importantes, assim como ajustes necessários.

Boa viagem!

Referências

ABERASTURY, A.; KNOBEL, M. *Adolescência normal.* Porto Alegre: Artmed, 1981.

GERHART, S. *Por que o amor é importante: como o afeto molda o cérebro do bebê.* 2. ed. Porto Alegre: Artmed. 2017.

JENSEN, F.; NUTT, A. E. *O cérebro do adolescente: guia de sobrevivência para criar adolescentes e jovens adultos.* Rio de Janeiro: Intrínseca, 2016.

NELSEN, J.; LOTT, L. *Disciplina positiva para adolescentes*. Barueri: Manole, 2019.

OVEN, M. *Educar com mindfulness na adolescência*. Lisboa: Porto, 2019.

SIEGEL, D. J. *Cérebro adolescente: o grande potencial, a coragem e a criatividade da mente dos 12 aos 24 anos*. São Paulo: nVersos, 2016.

03

DISCIPLINA POSITIVA PARA ADOLESCENTES

Seu filho tem vergonha de aparecer em público com você? Quer ficar mais com os amigos do que a seu lado? Fica fechado no quarto usando o celular? Bem-vindo ao mundo dos adolescentes. Neste capítulo, apontarei alguns desafios que passamos com adolescentes e darei ferramentas para ajudar a lidar com eles. Embarque comigo nesse mundo maravilhoso da adolescência, tão temido pelos pais. Espero você nesta jornada.

DÉBORA GRYNSZPAN

Débora Grynszpan

Sou Débora Grynszpan, 39 anos, paulistana, morando há cinco anos em Israel. Mãe atípica da Maria Eduarda, 17 anos, e do Murilo, 14 anos. Pedagoga, com especialização em autismo, certificada em Disciplina Positiva: Educação Parental Para Pais de Adolescentes e Crianças dom Deficiência, pela Positive Discipline Association. Cursando pós-graduação em educação parental e inteligência emocional, neurociências, *parent coach* e *coach* para adolescentes. Meu propósito de vida é auxiliar pais de crianças e adolescentes com desafios de comportamento a terem um relacionamento melhor com os filhos por meio de uma educação respeitosa, afetuosa e com empatia. Faço isso pela educação parental, com mentoria para pais, *workshop*, consultorias e atendimento de grupos. Acredito na educação respeitosa e seus efeitos em longo prazo para desenvolver o máximo das potencialidades, da capacidade e das habilidades socioemocionais.

Contatos
prodeborapinheiro@gmail.com
Facebook: Debora Pinheiro Grynszpan
Instagram: Debora Pinheiro Grynszpan
+972 5 39237649

Débora Grynszpan

Você estava com um neném lindo, cheirosinho e perfeito em seus braços. Com o passar do tempo, ele começou a andar e falar. Você achava engraçado quando falava errado, quando fazia gracinhas, quando queria colocar as suas roupas e sapatos e imitar a sua voz. Quando ele tentava dar os primeiros passos e caía, você o incentivava a tentar novamente, para que voltasse a andar. Deixou sua casa segura, para que ele não se machucasse.

De repente, ele cresceu, não quer saber a sua opinião, tem vergonha de estar a seu lado, no shopping ou no cinema. Quer estar mais tempo com os amigos do que em família, fica muito tempo fechado no quarto usando celular ou computador e quer privacidade. Não vem jantar quando é chamado, começa a usar roupas estranhas e ter amigos que você não aprova. Acha que sabe tudo, e os pais não sabem nada. Em um momento, ele é seu amigo e, em outro, grita e o trata como inimigo. Aparecem mudanças no corpo, na voz, nas palavras, nas atitudes, no modo de lidar com as coisas e nos perigos em que ele se envolve. Vocês vivem em constante estresse, gritos e ameaças sem saber o porquê de isso estar acontecendo. Bem-vindo! Você foi inserido no mundo dos adolescentes com sucesso!

Você se sente péssimo, como se todos esses anos de amor e dedicação tivessem sido em vão. Sente-se como se estivesse errado em tudo que fez, pois ele não se tornou a pessoa que você gostaria que fosse; ao contrário, tornou-se tudo que você gostaria que ele não fosse. Começa a comparar o seu filho com o irmão, com os filhos "perfeitos" dos outros e comparar-se aos outros pais. Sente medo do fracasso, do julgamento da família e da sociedade. Fica inseguro, pois não sabe se está agindo certo e de forma eficaz. Você leu em livros, assistiu a vídeos e sabe que não deveria gritar, bater ou ameaçar. Sabe também que precisa ter mais paciência e escutar o seu filho, e isso seria o suficiente. Mas como fazer isso se ele fica recluso no quarto, grita e não escuta? Será que devo disciplinar o meu filho mais severamente? Você fica parecendo uma panela de pressão por dentro, tentando se segurar, até que um dia explode. Então, você grita, xinga, deixa de castigo, tira privilégios ou se cala, se afasta e chora. Isso provoca em você mais medo, culpa, vergonha, frustração, dor e solidão. Você não está sozinho, muitos pais já passaram ou passam por isso. A Disciplina Positiva não o impedirá de errar com seus filhos, mas dará ferramentas necessárias para que você pare, pense, analise e descubra como agir para conectar-se melhor com o seu filho. Não se sinta mal se errar. Erro não é fraqueza, mas uma oportunidade para aprender. Isso tem uma grande relação com a forma que fomos criados, na obediência cega. Os adultos de antes mandavam e nós, como crianças ou adolescentes, simplesmente tínhamos de nos calar, engolir o choro e obedecer. Não queremos adolescentes que obedeçam cegamente, e sim jovens colaborativos e cooperativos. Cooperação não é ceder e fazer os caprichos do seu filho. Cooperar vem do latim *com + operari*, trabalhar juntos.

Muitos pais não querem ser rígidos e autoritários e acabam se tornando permissivos. Outros não querem que os filhos cresçam e tentam postergar ao máximo a infância. Ambos causam codependência, que é uma dependência excessiva de um indivíduo em relação ao outro. Atitude em que o indivíduo suporta qualquer tipo de comportamento e suas consequências, sem perceber que está renunciando aos seus sonhos. Quando os adolescentes são codependentes dos pais e cuidadores, eles sabem que terão ajuda e resgate quando precisar. Esse apoio não é benéfico nem para o adolescente, nem para os pais. Ele vai aprender com seus erros e vai dar os seus primeiros passos. Confie no processo! Falar a sua opinião, sem dar um sermão. A codependência faz retardar o crescimento, pois o adolescente acha que não é responsável pela própria vida. A adolescência é uma fase importante do processo de crescimento, e um processo natural do desenvolvimento humano. Não há como mudar ou interrompê-lo. O adolescente não "brota" simplesmente na nossa frente. Nós não podemos deixar de lado tudo que esse adolescente viveu na infância dele, todos os recursos que ele teve ou não teve, todos os vínculos que ele criou ou não criou, todas as relações que ele construiu na sua infância. A adolescência é uma extensão da criança.

Cada fase tem o seu papel. A adolescência é uma fase de não pertencimento, porque não é mais criança e ainda não é adulto. Muitos pais falam para seus filhos não fazerem algo porque não são mais crianças, já são grandes. Porém, quando os adolescentes querem fazer algo que exija mais responsabilidade, os pais dizem que eles não podem porque não são adultos. Muitos dizem que a adolescência é a fase do segundo nascimento. Quando se entra na adolescência, a gente renasce, pois não existe mais a criança. Existe um luto pela criança que o adolescente um dia foi, e existe uma reconstrução pelo que se espera que o adolescente seja quando se tornar um adulto. O adolescente está se desenvolvendo física, mental, cognitiva e socialmente. São tantas transformações internas e externas no corpo, na mente e na realidade – e com um cérebro que ainda não foi desenvolvido. De acordo com a neurociência, o cérebro se desenvolve aos 25 anos, motivo pelo qual ainda precisa de ajuda e apoio. O adolescente tem autoestima baixa, não enxerga o seu valor, compara-se aos outros e vê só os seus defeitos.

É preciso mostrar uma ótica mais positiva a respeito dele. Muitas vezes os pais se referem à adolescência como "aborrescência", a fase da rebeldia, do mau humor, dos estereótipos, do mau comportamento, das drogas e torcendo para que essa fase acabe logo. Infelizmente, o adolescente acaba acreditando e se vendo assim também, não com o deslumbre que deveria ter. Os pais repetem freneticamente o "na minha época...", porém isso não faz conexão com seu filho, mas, sim, provoca maior distanciamento. Não devemos comparar a nossa adolescência com a adolescência deles, pois é outra geração, são outros pensamentos. O adulto emprega, eventualmente, sem perceber, rótulos como você é bagunceiro, mal-educado, rebelde, não tem comprometimento com nada, é chato. Esses rótulos vão enraizando e o jovem acredita que aquilo sobre ele é verdade (porque os pais, até então, são os cérebros maduros na relação). Isso tem consequências.

Caso isso aconteça, é importante conversar com o adolescente, aplicando os 4 "Rs" da recuperação de erros:

Reconhecer – eu cometi um erro.

Responsabilizar – eu gritei com você, porque estava cansado, sobrecarregado e com medo.

Reconciliar – desculpe-me, sinto muito.

Resolver – vamos procurar uma solução, juntos, que seja boa para todos.

Quando percebermos que esses estereótipos são exagerados, reconheceremos que aquele comportamento tem um motivo. Desse modo, conseguiremos uma real conexão com nossos filhos. A ferramenta essencial para a conexão é a presença. Sem você, sua alma e seu coração, nada do que você aprender sobre a adolescência fará sentido, será somente teoria. Crie proximidade e confiança em vez de distanciamento e hostilidade. Certifique-se de que, ao conversar e se conectar com ele, que a mensagem de amor foi transmitida. Na adolescência, há muitas coisas boas que podemos e devemos valorizar: diversão, conquistas, curiosidade, identidade e novas experiências. É a fase onde o adolescente deixa de enxergar o mundo com as lentes dos pais, e sim com as próprias lentes. Do mesmo modo que erramos, os adolescentes também vão errar. Precisamos permitir que eles errem e assumam, com responsabilidade, as consequências dos próprios erros. Podemos também usar o erro como oportunidade para aprender uma nova habilidade. Mostrar que o seu amor por ele não está condicionado a atitudes, notas escolares e decisões tomadas (boas ou ruins), que seu amor é incondicional. Isso pode ser um tanto óbvio para nós, ainda assim não é notório para eles. Precisamos ser a ponte para passarem por essa fase em segurança. Falar das crianças que estão passando necessidades, ou menos favorecidas, não ajudará na experiência de fazer o bem. O adolescente é como uma pedra bruta, precisa ser lapidada até que mostre o diamante escondido. E nós somos os arqueólogos do adolescente.

O começo da educação de um adolescente pode ser muito estressante, tanto para os pais (por vezes mais do que na infância) quanto para os adolescentes. O cérebro imaturo precisa do parâmetro do adulto cuidador, precisa receber cobrança de maturidade e habilidades. Exigir isso pode ser muito perigoso. O adolescente busca se conhecer e provar que é bom o suficiente.

Muitas vezes o adolescente acaba se rebelando; isso se chama processo de individuação.

Características da individuação:

- A necessidade de saber quem é e de procurar a sua identidade.
- Grandes mudanças físicas e emocionais.
- Necessidade de separação dos pais.
- Pertencimento a um grupo, mas ao mesmo tempo, a busca por ser único.

Não podemos agir com o nosso filho adolescente como quando ele era criança. Quando criança, você falava ao seu filho algo e ele acatava como verdade absoluta. Agora, na adolescência, ele quer argumentar, dar opinião porque ele está aprendendo a se comunicar. Não leve para o lado pessoal, pois tem mais relação com ele do que com você.

Estamos acostumados com competição. Quando o adulto quer que as coisas sejam exatamente do seu jeito, e o adolescente está lutando pela individuação, acontece uma grande disputa de poder. Essa disputa envolve rigidez (o que eu quero é o melhor), ameaça (ou você faz ou ficará sem celular), roubo da dignidade (você não decide nada, eu estou pagando) e diminuição da comunicação (está decidido e acabou o assunto!). Na maioria das vezes, nunca saem coisas boas dessas disputas. No final, sempre alguém acaba ferido. Os relacionamentos competitivos são tóxicos e desgastantes. Nesse ambiente, as conquistas do outro não são reconhecidas, causando a ausência de conforto nos momentos difíceis. A disciplina positiva enfatiza sempre perceber o real motivo daquele comportamento, se conectar com seu filho para, depois, poder corrigi-lo. Na disciplina positiva não há um filho que obedece, mas, sim, que colabora.

Muitos pais acabam usando a consequência como punição, castigo, subtração de privilégios. Atitudes com o objetivo de levar o adolescente a enfrentar as consequências do que fez, que sofra e sinta remorso. Diferente disso, as consequências visam entender a motivação por trás do comportamento, ensinar habilidades de vida para que ele possa direcionar energia e habilidade para algo produtivo.

A consequência lógica não é a punição; e para que ela se diferencie de punição, sendo respeitosa e eficaz, é necessário usar os 4 "R's da consequência lógica".

1. Respeitoso – é esperado que o adolescente se responsabilize pelo que ele fez. E ensinamos isso de maneira respeitosa, sem gritar, humilhar ou desencorajar. Com uma conversa amigável, para saber o que está acontecendo em relação ao problema. Sempre ouça primeiro; depois, compartilhe sua opinião.
2. Razoável – o nosso mundo é cheio de consequências, porém são razoáveis em duração e de acordo com a gravidade. Busque soluções com seu filho. Escolha soluções com as quais você e seu filho concordem.
3. Relacionado – para que realmente ele aprenda a consequência, é preciso estar relacionado ao problema, aprendendo, assim, com a experiência.
4. Revelado com antecedência – depois de ter acordos preestabelecidos, avise seu filho qual é a regra e qual a consequência se não for cumprida.

Para saber qual consequência deve ser usada, avalie quem será a pessoa mais impactada no problema.

De onde tiramos essa "terrível" ideia de que, para fazermos o bem e incentivar nossos filhos, primeiro temos que fazê-los se sentirem mal?

Trazemos a Disciplina Positiva não para sermos pais perfeitos, com os filhos perfeitos e idealizados, e sim com o intuito de diminuir os atritos, aumentar a conexão e o poder de influência exercida sobre nossos filhos e para empoderá-los.

Você deve estar se perguntando: meu filho já é adolescente e eu só descobri a Disciplina Positiva agora, será que dá tempo? Sim, dá tempo!

Pais em construção

Você já tentou se conectar com seu filho? Saber do que ele gosta? Qual a opinião dele sobre certos assuntos? O que você acha que seu filho gostaria que você aprendesse sobre ele? Os adolescentes estão experimentando uma nova identidade, provavelmente ele não será assim para sempre. A adolescência é uma fase de transição, ninguém fica adolescente para sempre, ele está se desenvolvendo. Para entendermos melhor os nossos filhos adolescentes, temos que nos reconectar com a nossa adolescência. Como você era na adolescência? Era igual como está agora? Você continua com as mesmas ideias e opiniões? Provavelmente, sua resposta será não. É muito difícil passar pela adolescência sem alguma insegurança.

Assim como não gostamos de fazer algo que não queremos, também não podemos forçar os nossos filhos a fazerem algo que eles não queiram. Seu filho chegou a uma idade que quer comandar a própria vida e tomar as decisões. Podemos, nessa fase, estar ao lado dele, empoderá-lo e apoiarmos suas decisões. Apesar do receio de que ele tome decisões ruins, não devemos escolher o que ele tem de decidir, mas estar a seu lado quando ele precisar e tiver de assumir as consequências das decisões. Sempre com gentileza e firmeza ao mesmo tempo.

04

DISCIPLINA POSITIVA
CONVITE PARA UM NOVO OLHAR NA EDUCAÇÃO DE CRIANÇAS E ADOLESCENTES

Será que falaríamos com outro adulto da mesma maneira que falamos com as crianças? A disciplina positiva pode despertar nossa curiosidade para as relações que queremos construir com nossos filhos e como ajudá-los a se desenvolverem. Este capítulo é um convite para entendermos melhor nosso papel de pais e obter soluções para questões familiares. Afinal, estamos em constante evolução como seres humanos e buscamos o melhor para nossos filhos.

ALICE REUTER E MARÍLIA BARINI

Alice Reuter

Arquiteta de formação. Educadora parental, facilitadora e especialista em Primeira Infância certificada pela Positive Discipline Association. Certificada em Formação Integral de Educação Parental (Bete Rodrigues), em Atuação Consciente e Apego Seguro (Escola da Educação Positiva) e em Parentalidade Consciente (Escola de Parentalidade Consciente). Pós-graduada em Educação Parental e Inteligência Emocional pela Parent Coaching; e em Educação Parental Integral pela Bete Rodrigues. Atua como educadora parental na escola de educação infantil Ver Crescer.

Contatos
alicereuter@gmail.com
Instagram: @alicereuter.infância

Marília Barini

Educadora parental certificada em Disciplina Positiva pela PDA; pós-graduada em Educação Parental e Inteligência Emocional pela Parent Coaching; e em Educação Parental Integral por Bete P. Rodrigues. Membro do grupo de liderança da PDA Brasil. *Coach* certificada pelo ICI. Engenheira de formação.

Contatos
mariliabf.romano@gmail.com
Instagram: @marilia_barini
11 97604 7897

> *De onde tiramos a absurda ideia de que, para levar uma criança a agir melhor, precisamos antes fazê-la se sentir pior?*
> JANE NELSEN

Não à toa, esta frase é uma das mais populares da Disciplina Positiva. Ela é um alerta e um convite para refletirmos sobre como realmente não faz sentido usarmos estratégias como gritos, ameaças, castigos, punições e sermões com o objetivo de que nossos filhos "pensem sobre seu comportamento" e ajam melhor a partir disso.

Você já gritou com seu filho de 3 anos quando ele fez uma birra no supermercado? Já ameaçou, deu sermão, deixou de castigo e não sabe mais o que fazer para seu filho pré-adolescente colaborar com as tarefas domésticas ou sair de seu quarto? Se você se identificou com as situações acima e deseja adquirir conhecimento e melhorar suas habilidades parentais para educar seus filhos de forma construtiva, encorajadora e amorosa, convidamos você para ler este capítulo e conhecer mais sobre a Disciplina Positiva.

Origem

A Disciplina Positiva é baseada na filosofia e nos ensinamentos de Alfred Adler e de seu seguidor Rudolf Dreikurs. Adler acreditava que os seres humanos são seres sociais e que nosso objetivo principal é sermos aceitos. Dreikurs ensinou a importância de sermos gentis e firmes nas nossas relações com as crianças e investigar por trás dos comportamentos.

Em 1981, Jane Nelsen publicou o primeiro livro da série *Disciplina positiva* apresentando esses ensinamentos mais com o objetivo de ajudar os pais a educarem seus filhos de uma maneira mais respeitosa, ensinando autodisciplina, responsabilidade, resolução de problemas e facilitando a cooperação. Hoje, a disciplina positiva está presente em mais de 80 países.

Princípios

A disciplina positiva é uma abordagem respeitosa, focada no longo prazo, que traz embasamento teórico e ferramentas práticas para lidar com os mais diversos desafios parentais. Apresenta idéias para ajudar seus filhos a desenvolver coragem, autonomia e habilidades de vida, além de tornar a sua parentalidade mais leve e prazerosa.

Todas as ferramentas da Disciplina Positiva são encorajadoras para as crianças e para os pais, com o objetivo de aumentar a autoconfiança e conexão de todos. Elas nos dão uma direção e segurança para agir conforme o que faz sentido para nós, dentro dos nossos valores familiares e da nossa sabedoria, respeitando a dinâmica de cada família e as necessidades de seus membros. Cada ferramenta atende a cinco critérios.

1. Ajuda as crianças a sentirem uma sensação de conexão.

A criança se sente vista, ouvida, amada, aceita, pertencente e importante.

2. É mutuamente respeitosa e encorajadora.

Gentil e firme ao mesmo tempo. Não inclui controle excessivo nem permissividade, não humilha crianças ou adultos.

3. É eficaz em longo prazo.

Considera o que a criança está pensando, sentindo, aprendendo e decidindo sobre si mesma e seu mundo – e o que fazer no futuro para sobreviver ou prosperar.

4. Ensina importantes habilidades sociais e de vida.

Respeito, empatia, resolução de problemas, comunicação, estimula a cooperação, bem como um senso de contribuição para a sociedade.

5. Convida as crianças para descobrirem o quanto são capazes.

Incentiva o uso construtivo do poder pessoal e da autonomia.

A disciplina positiva é para os pais também, é uma abordagem reflexiva. Nossos filhos se inspiram em nós, por isso é importante sermos exemplo de ser humano e modelo das habilidades de vida que desejamos que eles desenvolvam.

É muito digno reconhecermos nossas falhas, pois estamos dando o nosso melhor e tentando ser pais suficientemente bons com as informações que temos no momento. Somos humanos e, logo, não somos perfeitos, não vamos acertar sempre e está tudo bem. Ao aceitar nossas imperfeições, podemos estudar para sermos melhores pais e buscar ajuda quando necessário. Onde estava escrito que deveríamos dar conta de criar nossos filhos sozinhos?

Há um provérbio africano que diz: "É preciso uma aldeia inteira para educar uma criança".

Os princípios da Disciplina Positiva fazem mais sentido quando combinados, como peças de um quebra-cabeça. Muitas vezes, quando as coisas não estão funcionando, pode ser que esteja faltando alguma peça. Conheça a seguir algumas ferramentas essenciais:

- **Gentil e firme ao mesmo tempo** – você é gentil quando considera as necessidades da criança e firme quando considera as suas necessidades ou o que é melhor para a situação. Ser gentil e firme evita as consequências de ser gentil demais (permissividade, manipulação, crianças mimadas, autoestima comprometida) ou de ser firme demais (ressentimento, rebeldia, autoestima prejudicada).
- **Respeito mútuo** – estabeleça relações horizontais, trate as crianças com dignidade e respeito, com igual valor. As crianças se sentem encorajadas quando se sentem aceitas e importantes, e mantêm crenças positivas sobre si mesmas.
- **Compreenda os quatro objetivos do mau comportamento** – alguns comportamentos podem ser adequados para a idade, ou a criança pode estar sentindo algum desconforto físico que não consegue comunicar adequadamente, e outros comportamentos, podem estar baseados em desconfortos emocionais que levam às crenças equivocadas:
    - Atenção indevida: "Só me sinto importante quando você está ocupado comigo".
    - Disputa de poder: "Você não manda em mim!".
    - Vingança: "Estou magoado e quero magoar você de volta".
    - Inadequação assumida: "Sinto que não sou capaz de atender suas expectativas, então, não vou nem tentar".
- **Erros como oportunidades para aprender** – é mais importante querermos melhorar do que sermos perfeitos. Está tudo bem em errar, errar faz parte do aprendizado.
- **Responsabilidade social** – preocupação real com os outros e desejo sincero de contribuir com a sociedade. Crianças autoconfiantes estão prontas para ajudar os outros e se sentem capazes vivenciando isso.
- **Reuniões de família** – são uma oportunidade para as crianças aprenderem habilidades sociais e de vida: fazer reconhecimentos e apreciações, aguardar sua vez de falar, avaliar as soluções da reunião anterior, compartilhar sentimentos, elaborar soluções, seguir a pauta, organizar o calendário da semana e o planejamento de refeições.

- **Focar em soluções** – desista da punição e de encontrar culpados; envolva as crianças na busca por soluções para resolver o problema. Podemos nos surpreender com sua criatividade.
- **Encorajamento** – reconheça o esforço, o processo, a melhoria e não apenas o resultado. Incentive a autoavaliação e tenha o cuidado de passar a mensagem de que ela pertence e é importante.

Muitas vezes, alguma necessidade da criança não está sendo atendida, surge, então, uma emoção com a qual ela não consegue lidar. É importante entendermos que seu comportamento é um pedido de ajuda.

Em geral, temos dificuldade de entender esses pedidos, pois para isso é necessária uma qualidade de conexão com nossos filhos que exige presença e entrega. São muitos os desafios da vida moderna que dificultam essa conexão: cansaço, trabalho, preocupações, expectativas, tecnologia; também a forma como fomos criados, o quanto nos sentimos ouvidos e respeitados. Pode ser muito difícil dar o que não recebemos emocionalmente. Para criar relacionamentos melhores e aumentar o vínculo com nossos filhos, é preciso investir em autoconhecimento, explorar mais a fundo nossas emoções, como reagimos a elas, aumentar a consciência sobre como exercemos nossa parentalidade para conseguirmos fazer escolhas melhores, até que essa presença e conexão se tornem naturalmente uma nova forma de nos relacionarmos.

Quando nos abrimos para essa conexão, a criança se sente pertencente, aceita, ouvida, sente que contribui, que tem valor; e cresce preservando a autoestima, a autenticidade, a integridade, podendo ser ela mesma e sentindo-se amada incondicionalmente por ser quem ela é.

> *Quando você escorregar de volta para os velhos hábitos, não se recrimine. Você necessita reforçar a sua coragem constantemente e, para tal, necessita da 'coragem para ser imperfeito.*
> RUDOLF DREIKURS

Estilos parentais

Convidamos você para refletir sobre seu estilo parental e como isso pode contribuir para o comportamento do seu filho. Existem três estilos parentais e permear por eles é natural. A educação da criança se dá conforme o modelo parental mais presente e ao ambiente em que ela está inserida.

1. Permissivo: ser pouco exigente, fazer pela criança o que ela já pode fazer, falta de estrutura e rotinas, ausência de limites, quando extremos, levam à negligência e ao desamparo.
2. Autoritário: ser muito exigente, impositivo, regras rígidas, usar punições e recompensas, não considerar as necessidades das crianças.
3. Gentil e firme: parentalidade com autoridade e consciência, relações horizontais, não controlador, com limites saudáveis, considera o sentimento da criança, foca em soluções, é uma alternativa a ser autoritário ou permissivo.

O olhar para o nosso estilo parental e para a necessidade de autocuidado auxilia a nossa autorregulação. Quando estamos regulados, conseguimos oferecer ajuda a uma criança. Somos correguladores das emoções delas, validamos o que ela sente, nomeamos a emoção e a ajudamos a lidar com isso. Nós a alfabetizamos emocionalmente. Conseguimos fazer isso ao aceitarmos nossas emoções e identificarmos o que as desencadeiam. Estamos oferecendo o melhor de nós, ao usar honestidade emocional para reconhecê-las, nos retirar de cena quando percebemos que vamos reagir, e pedir ajuda quando percebemos que não estamos dando conta ao lidar com alguma situação. Aprendendo a nos regular, abrimos espaço para acolher a emoção da criança, entender o que ela precisa e não está recebendo, e compreender seu comportamento. Podemos ao mesmo tempo, acolher nossas próprias necessidades e tentar chegar a uma solução ideal para ambas as partes.

Neurociência

A teoria polivagal nos traz o conhecimento sobre o cérebro humano e como ele é ativado em situações de gatilhos emocionais.

Quando nos sentimos ameaçados, uma parte do nosso cérebro é ativada inconscientemente e nos faz reagir para sobreviver, lutar, congelar ou correr e, muitas vezes, essa reação nos traz arrependimentos e culpa, pois nos desregulamos emocionalmente. Se estamos conscientes de como funcionamos, o que causa esses gatilhos em nós, evitamos a desregulação e consequentemente reagimos melhor.

Ao estudar o desenvolvimento do cérebro na infância, fica mais claro o que podemos esperar de crianças e adolescentes em cada idade e podemos ter expectativas mais realistas sobre seus comportamentos. O cérebro só estará completamente formado aos vinte e cinco anos e existe um longo caminho de amadurecimento até lá.

Com ajuda da neurociência, entendemos também a importância dos neurônios-espelho para o aprendizado. Quando observamos outra pessoa fazer alguma coisa, ativamos esses neurônios-espelho e aprendemos por imitação. As crianças são ótimas observadoras e imitam o nosso comportamento o tempo todo. Por isso, elas aprendem muito mais com a forma que agimos do que com o que falamos. Nossas atitudes são exemplos das habilidades de vida que almejamos para as crianças.

Comunicação não violenta

Tanto os adultos quanto as crianças têm necessidades. Uma relação de respeito se constrói quando as necessidades de todos são levadas em consideração. Esse respeito mútuo é a base da construção de uma relação saudável com seu filho.

Uma necessidade é diferente de um desejo, o ideal é preencher algo que falta e não satisfazer os caprichos das crianças. É possível reconhecer uma necessidade e não poder atendê-la naquele instante, mas podemos falar sobre isso e ajudá-las a lidar com a frustração e a decepção, permitindo assim que desenvolvam habilidades de vida preciosas.

Se levarmos em conta que as crianças são colaborativas o tempo todo, quando estiverem passando por uma tempestade emocional, saberemos que estão demonstrando que falta algo para se sentirem aceitas e importantes. Não necessariamente esse comportamento representa uma afronta aos pais, ele simplesmente é gerado pela frustração de não estar sendo compreendido.

Todos os comportamentos devem ser considerados. As crianças e adolescentes podem agir de forma colaborativa ou desafiadora. De todo modo, é preciso demonstrar que estão sendo vistos, que estamos disponíveis para acolhê-los, que podemos aceitar mas não necessariamente aprovar. Podemos direcioná-los à resolução dos problemas em família.

Conclusão

Imaginando um *iceberg*, enxergamos a ponta que está por cima do oceano (comportamentos) e não o que está submerso na água (as causas e as crenças). É importante nos perguntarmos: "Afinal, o que leva as crianças a fazerem o que fazem?".

Ao interpretar o comportamento da criança como um pedido de ajuda – e não uma afronta pessoal ou inadequação, fracasso parental, insatisfação natural, descontrole emocional –, podemos acolher nossos filhos genuinamente e assim passarmos a mensagem de que, independentemente de qualquer caos, os amamos incondicionalmente.

Esse amor não deve vir por alguma condição de comportamento, moeda de troca, manipulação, performance escolar ou recompensa por uma conquista. A criança sente que é amada simplesmente por ser quem ela é, sem sentir a necessidade de mudar para ser aceita. Podemos considerar que nosso papel como pais é ser como as margens de um rio, onde damos uma direção para o desenvolvimento da criança, ao mesmo tempo que deixamos a água correr e nos guiar para onde tem necessidade de ir.

Quando desenvolvemos autoconhecimento e praticamos o autocuidado, aliados a uma intenção parental clara e verdadeira, conseguimos transmitir uma mensagem de amor individualizada para cada criança, sem exigir nada em troca, abrindo espaço para que nossos filhos sejam autênticos e espontâneos. Imaginem que mundo humanizado e mais amoroso poderemos construir!

Referências

NELSEN, J. *Disciplina positiva*. Barueri: Manole, 2015.

NELSEN, J.; GARSIA, A. *Disciplina positiva para educar os filhos*. Barueri: Manole, 2018.

ÖVÉN, M. *Educar com mindfulness*. Porto: Porto Editora, 2015.

ROSENBERG, M. *Comunicação não violenta: técnicas para aprimorar relacionamentos pessoais e profissionais*. São Paulo: Ágora, 2006.

SIEGEL, D. J. *O cérebro da criança*. São Paulo: nVersos, 2015.

05

UM CAMINHO DE AMOR E RESPEITO
UMA ABORDAGEM PARA A PARENTALIDADE EMPÁTICA E RESPEITOSA

Buscar um caminho de amor e respeito na educação dos nossos filhos é a intenção deste capítulo. Um dinâmico texto que orienta as nossas ações a partir do conhecimento de uma educação permeada por afeto, mas também por direcionamento, por gentileza e firmeza, que produzirão conexão e oportunizarão relações seguras.

NAYARA BARROCAL

Nayara Barrocal

Atuo na área educacional há 28 anos. Pedagoga, neuropsicopedagoga clínica e educadora parental, graduanda em psicologia, atuando no atendimento com crianças, adolescentes e orientação a escolas e famílias. Gestora da clínica multidisciplinar Acolher. Mas o mais importante papel desempenho como mãe de Gabriel, Beatriz e Pedro; esposa do Charles.

Contatos
nayarabarrocal@hotmail.com
acolherclinicalem@gmail.com
Instagram: @nayarabarrocalpsico
@acolherclinicalem
77 99816 3413

Nesse movimento me construo como mãe e como profissional. Não bastava compreender o que de fato é a educação parental, mas me emaranhar na relação que essa estabelece com aquilo que defendemos ser o melhor caminho na educação dos nossos filhos: a parentalidade empática e respeitosa. E assim, ao citar aqui este parágrafo, é impossível não recordar as palavras de Jane Nelsen (2015): "De onde tiramos a ideia absurda de que, para fazer uma criança se comportar melhor, antes precisamos fazê-la se sentir pior?"

O que fez você provavelmente parar neste título e compartilhar desta construção foi exatamente a sua busca em compreender como exercer o seu papel de mãe e/ou de pai no viés do amor e do respeito. Ter a consciência que existe um caminho que dará oportunidade de fazer a diferença no futuro dos seus filhos é o que nos faz caminhar juntos.

O termo "parentalidade" se refere aos papéis dos pais, suas funções desempenhadas na vida dos filhos e com os filhos, e aqui nosso destaque vai para além do biológico, mas para as vivências e experiências com as quais tiveram contato. Todos aqui são bem-vindos: madrastas, padrastos, avós, madrinhas, pois entendo que uma linguagem única nos aproximará do que buscamos por meio de uma educação que busca entender comportamentos, não apenas olhar e tentar controlá-los.

Por meio de uma educação equilibrada, sem extremos, que se volta para a concepção de autonomia, resolução de problemas, responsabilidade, cooperação dos nossos meninos e meninas, isso se torna viável. O que se propõe aqui não se usa punição e recompensa, mas diálogo que desenvolve respeito mútuo. A recompensa ou a punição, tão comuns nos modelos de educação doméstica que seguíamos, hoje são comprovadamente prejudiciais, pois não ensinam, não norteiam, mas apenas condicionam comportamentos, sem compreender seus sentimentos, ensinando medo e motivando a vaidade em nossos espaços familiares e de convivência.

Tem uma frase que eu gosto, repito muito e entendo que define muito bem o que vamos tratar aqui: "Toque o coração e chegará ao cérebro". Assim penso, por compreender que a emoção antecede a cognição, ou seja, por meio de ações afetivas consigo ensinar sem mesmo falar, mas mostrando e dando exemplos por completo. Nesse sentido, podemos perceber como a parentalidade empática e respeitosa é uma importante concepção e vertente utilizada no processo de educação da criança e do adolescente, uma importante ferramenta para famílias, e tem como prioridade apresentar e implementar um modelo de educação que atue na busca de unir o gentil e firme que há em cada um de nós, sem uma hierarquia rígida.

O mais interessante é que, quando entendemos como isso ocorre, acaba reverberando em todos os âmbitos de nossas vidas, ou seja, é interessante para todos que estão perto de nós.

Educar está mais difícil? No meu tempo era diferente!

Educar os filhos na atualidade não tem sido realmente nada fácil, são tantas informações, instrumentos, intencionalidades que mudaram com os avanços da tecnologia e com as nossas mudanças em nosso entorno, que isso inclusive assusta. Contudo, o que mais preocupa é a ideia de que eu só preciso ser ou oferecer o que não tive, por no passado eu ter vivenciado situações conflituosas. Pais e mães, entendam que o autoconhecimento ajudará na criação dos seus filhos.

Nenhum presente substitui o tempo, o amor, o respeito, o senso de pertencimento, o se sentir educado sem violências, percebendo que seus pais sabem lidar com os conflitos, conhecem a fase do seu desenvolvimento (incluindo, especialmente, o cerebral) e educam na integralidade para ser um cidadão.

> *Um dia, seu filho cometerá um erro ou fará uma má escolha e correrá para você em vez de você. E nesse dia você perceberá o imenso valor da parentalidade pacífica, positiva e respeitosa.*
> (KNOST, 2013)

Compreender o poder da educação pelos olhos dos filhos é o que trago aqui. Promover esse olhar de forma sensata, permeada pelo entendimento que o mundo mudou e nós também, faz com que possamos ilustrar de forma coerente e eficiente a escolha ideal e, por que não, real da educação dos nossos filhos, promovendo, assim, a mudança que nós queremos e buscamos não num mundo clichê, mas em nosso universo familiar que, consequentemente, reverberará para uma sociedade com a qual sonhamos.

E fazer isso é difícil? Já respondo que não. Mas é totalmente possível e para tanto, como mencionei anteriormente, é preciso encontrar o caminho que se dá pelo nosso posicionamento voltado à gentileza e à firmeza ao mesmo tempo. Quando somos gentis, demonstramos respeito por nossos filhos; e ao sermos firmes, mostramos respeito por nós mesmos.

Apanhei, e não morri! Fiquei de castigo, e aprendi!

Verdade, está vivo; mas aprendeu da pior forma e, provavelmente, terá de enfrentar dificuldades com seus pares em demonstrar amor, inclusive para seus filhos.

Está vivo e aprendeu que não sabe lidar com suas emoções, e quem está por perto sofre com suas "explosões" – e ainda não sabe lidar com suas frustrações e dores.

Está vivo, mas aprendeu a reproduzir sua educação baseada em excessos – tudo muito ou tudo pouco, autoritário ou permissivo. É inseguro, não se vê como uma pessoa capaz de fazer a diferença.

Verdade, você está vivo, mas a sua infância, que não ficou na infância, precisa ser curada.

E com seu filho pode ser diferente, você pode mudar essa história.

Educar não está mais difícil, pois hoje temos possibilidades conscientes.

Agora, descobrimos um caminho de amor e respeito.

Ter a oportunidade de experimentar e aprender a sermos melhores no que nos propomos a fazer é um desafio. Buscar conhecimento na perspectiva da parentalidade empática e respeitosa é uma alternativa primorosa, pois há uma busca que consiste em implementar uma educação equilibrada, ou seja, temos atualmente a direção para não abordar posturas autoritárias nem permissivas, mas uma educação equilibrada, voltada diretamente ao respeito e ao amor, como já dito antes e agora, repetido, pois é nisso que nos baseamos.

O primeiro contato parece ser um enorme desafio, mas é simples e eu vou explicar: é educar com amor, é um educar que diz ao seu filho que você o respeita, mas também é educar com firmeza. Uma educação que lhe dará condições de buscar soluções, tomar iniciativas e alcançar autonomia. É ver pelos olhos do outro, escutar com os ouvidos do outro, sentir com o coração do outro.

Nosso objetivo nessa construção de pais é conexão.

Toque o coração e chegará ao cérebro.

Nosso objetivo, como educadores parentais, é auxiliar famílias na construção de relacionamentos fortes e saudáveis com resultados que promovam impactos significativos na vida dos filhos e, para tanto, é necessário o uso de ferramentas comprovadas por sua eficiência. E para alcançarmos os objetivos aqui mencionados, não oferecemos condições ou oportunidades complicadas, mas indicações simples. Um dos mais importantes desses caminhos é o da conexão, que é base para manter toda a estrutura que se segue nessa premissa de educação, e eu trago aqui dicas valiosas.

Dicas muito relevantes para estabelecer e manter a conexão com seus filhos.

1. Falar é importante, mas escutar é ainda mais.
2. Deixe seu filho fazer escolhas, mas não se esqueça de que você precisa orientar para que elas sejam boas e, a partir daí, apoie-o.
3. Dialoguem, tenham momentos especiais de conversas mútuas.
4. Tenham tempo de qualidade.
5. Demonstre afeto, muito afeto.

Conheça o seu filho

Quando falo acerca disso nos atendimentos, é comum que os pais me olhem com surpresa. Afinal de contas, quem não conhece seu filho? Alguns! Pais e mães que não sabem sobre desenvolvimento humano, temperamentos, linguagens do amor e até sobre a consciência do educar pelo afeto.

Saibam quando seus filhos contam com você, entendam quando eles precisam mais de braços abertos (para abraçar) do que de braços cruzados (para dar broncas), de palavras de encorajamento do que de elogios, de reconhecimento pelos esforços do que dos resultados.

Compreenda que seus filhos precisam de tempo com você, e esse tempo precisa ser protegido. Esse é o seu compromisso, pois esse é o que trará oportunidade de estabelecer os vínculos tão necessários ao desenvolvimento humano, pessoal, profissional e tudo mais que conseguir pensar para além dessas linhas aqui, registradas por uma profissional que traz a mãe desejosa de fazer a diferença na vida dos filhos (sejam eles meus ou seus).

Quem disse que os pais precisam saber tudo?

Pais perfeitos existem?

Demorou para que eu entendesse que eu não conseguiria ser a supermãe que desejava, até que conheci a educação parental. Foi quando entendi que precisamos assimilar que, para sermos pais, é necessário haver uma construção no processo de educar. Não encontraremos a perfeição... Mas podemos encontrar caminhos para indicar nossos valores, amor e respeito. A presença é imprescindível, como traz Siegel (2016): "Estar presente significa que o que está acontecendo em seu mundo interior ressoa para os outros. Essa é a base para o vínculo seguro".

Estar ao lado do seu filho, não é exagerar na proteção; se preocupar com detalhes do seu bem-estar, não é mimar; falar sobre tudo com o intuito de envolvê-lo, não é sobrecarregar; querer saber mais sobre o seu dia, não é invadir; querer que estude visando ao futuro, não é para ser o melhor; querer que ele seja feliz, é compreender que o elemento mais importante para a estruturação de um cérebro saudável é o afeto, o carinho, o amor.

A ausência desses elementos, por muitas vezes, pode sinalizar alguns comportamentos dos nossos filhos que indiquem necessidades que não foram contempladas. Olhar e compreender é indispensável. Os sentimentos com os quais, muitas vezes, utilizam para se comunicar são extremamente importantes para indicar que necessidades são essas. Afinal, como diz Jane Nelsen (2015): "Todas as necessidades genuínas devem ser atendidas".

Dicas para exercer a parentalidade empática e respeitosa.

1. Identificar qual a sua intenção como pai/mãe.
2. Elencar as necessidades: conexão e pertencimento, segurança e conhecimento, importância e reconhecimento, experiência e novidade.
3. Entender a necessidade de menos julgamentos e de mais compreensão por trás dos comportamentos.
4. Compreender como se dá o desenvolvimento humano na perspectiva da faixa etária do seu filho.
5. Buscar o modelo de família adequada e não perfeita: autoconhecimento, respeito mútuo e o equilíbrio entre ações e decisões.

Toda família pode buscar soluções com foco nessas e em outras dicas interessantes, e encontrar aprendizados. Quando focamos nos problemas, perdemos a visão do que é possível ou viável. Essa ideia pode mudar a vida da sua família.

É isso: quando você descobrir que é assim, você alcançou o objetivo.

Guardem estas frases em seus corações e elas chegarão aos seus cérebros:

- Veja o mundo pelos olhos dos seus filhos.
- Pais perfeitos não existem.
- O amor constrói pais reais.
- Você tem um caminho de amor e respeito a ser trilhado.
- Você pode ser ainda melhor do que já é.

Deus te cuide! Com carinho,

Nayara Barrocal

Referências

CHAMPMAN, G. *As cinco linguagens do amor dos adolescentes.* São Paulo: Mundo Cristão, 2018.

CHAMPMAN, G. *As cinco linguagens do amor das crianças.* São Paulo: Mundo Cristão, 2017.

DOLTO, F. *Quando os filhos precisam dos pais.* São Paulo: Martins Fontes, 2008.

KNOST, L. R. The Gentle Parent: Positive, Practical, Effective Discipline (A Little Hearts Handbook) (English Edition). Little Hearts Books LLC, 2013.

MARSILI, I. *Os temperamentos na educação dos filhos.* São Paulo: Kirion, 2018.

NELSEN, J. *Disciplina positiva.* Barueri: Manole, 2015.

NELSEN, J. *Disciplina positiva para pais ocupados.* Barueri: Manole, 2020.

NELSEN, J.; LOTT, L.; GLENN, H. *Disciplina Positiva.* Barueri: Manole, 2020.

SIEGEL, D. J.; HARTZELL, M. *Parentalidade consciente: como o autoconhecimento nos ajuda a criar nossos filhos.* São Paulo: nVersos, 2020.

SIEGEL, D. BRYSON, T. P. *O cérebro da criança.* São Paulo: nVersos, 2015.

SIEGEL, D.; BRYSON, T. P. *O cérebro do adolescente.* São Paulo: nVersos, 2016.

ABORDAGENS TEÓRICAS PARA A PARENTALIDADE

06

APEGO SEGURO
O QUE É? COMO SE ELABORA? BENEFÍCIOS PARA A VIDA

Você já se perguntou por que, hoje, como adulto, tem dificuldade de elaborar relações seguras e saudáveis? Por que muitas vezes gostaria de confiar nas pessoas, mas não consegue? Ou se sente bloqueado para demonstrar seus sentimentos, sente medo e se vê de forma negativa? As respostas para essas perguntas podem estar no início de sua vida, na primeira infância, do nascimento ao final da segunda infância, mais precisamente do zero aos sete anos. Nesse período, a criança está sensível ao cuidador, ou seja, a criança está em busca de conexão e vinculação com o adulto cuidador, que, por vezes, pode não estar disponível para atender essa necessidade emocional do bebê/criança, e isso impacta nas relações por toda vida. Venha comigo na busca de respostas a essas questões e um caminho-guia para elaborar um vínculo seguro com seus filhos e pessoas próximas.

FABIANA NUNES RIBAS

Fabiana Nunes Ribas

Casada com Marcelo, mãe de dois filhos, Henrique e Isabela. Terapeuta de família e casal, individual. Psicoterapeuta transpessoal; educadora parental com ênfase em parentalidade consciente, com certificação em Disciplina Positiva emitida pela PDA/Brasil, reconhecida pela Positive Discipline Association/EUA; certificada em criação consciente; especialista parent coaching em ferramentas de diagnóstico parental; formação em psicologia do puerpério; certificação em sono e apego seguro. Pós-graduação em Educação Parental e Inteligência Emocional. Apaixonada por aprender, possui inúmeras formações na área de terapias integrativas, formação em eneagrama da personalidade e instintos, especialista em mapeamento da personalidade e seus motivadores, facilitadora do programa educação emocional positiva, terapeuta emocional (T.E). Em Formação de Terapia Focada nas Emoções (TFE Brasil). Coautora dos livros *Habilidades socioemocionais* (2021), Box *Intenção de mãe* (2022), *Um diário de terapia de família e casal* (2022) e *Disciplina e afeto* (2023), todos pela Literare Books International.

Contatos
Instagram: @Fabianaribas.terapeuta
49 99146 7694

Este artigo tem como objetivo responder às perguntas iniciais e auxiliar você a entender a teoria do apego e todos os seus benefícios. A teoria do apego, quando elaborada de forma segura e satisfatória, é denominada de apego seguro.

Para isso, vou discorrer sobre a teoria do apego e pretendo que, ao final deste artigo, além de você compreender sobre o tema, também tenha condições de aplicá-la na prática diária, em suas relações, sejam elas familiares ou na vida social. A figura de apego tem grande importância no desenvolvimento da identidade da criança. Estamos nomeando figuras de apego com quem a criança desenvolve laços baseados no atendimento de sua necessidade de segurança e proteção, ou seja, necessidades emocionais tão importantes, como as necessidades físicas e biológicas.

A teoria do apego, desenvolvida por John Bowlby, enxerga a infância como ponto de partida do desenvolvimento da personalidade e considera os apegos desenvolvidos nessa fase como fatores de grande impacto na construção do sujeito. Para Bowlby, o apego é um mecanismo básico dos seres humanos, e a figura de apego é a "base segura" a partir da qual o bebê pode começar a explorar o mundo. Além disso, as primeiras relações de apego, estabelecidas na primeira infância do indivíduo, afetam o estilo de apego ao longo da vida do sujeito.

Observando a teoria das relações objetais e outros teóricos como Freud, o qual teorizou sobre a ansiedade de separação, o etologista Konrad Lorenz, que realizou experimentos formulando o conceito de estampagem (ou *imprinting*, em inglês), Bowlby percebeu que todos os bebês passam por uma sequência clara de reações quando são separados dos seus cuidadores originais, seus pais; e três atitudes caracterizam essa ansiedade de separação.

Uma figura de apego/vínculo estável e confiante é fundamental nos primeiros anos de vida, sendo as figuras de apego responsáveis por construir uma base sólida para a criança se apoiar e explorar o mundo. As relações de apego não são exclusividade da mãe, podendo ser realizadas com pai, irmãos, avós, tios etc.

A relação de apego que a criança estabelece com a mãe ou o cuidador principal depende da responsividade e sensibilidade dessa pessoa com a criança, e não da satisfação das necessidades primárias da criança pelo adulto (RAPOPORT; PICCININI, 2001, p. 2).

Mary Ainsworth, em 1970, a partir das ideias de John Bowlby realizou um procedimento que chamou de *Uma situação estranha*, para observar relacionamentos de apego entre um cuidador e uma criança. As reações dos bebês no reencontro com o cuidador, depois de uma separação breve, eram utilizadas para avaliar o grau de confiança que a criança tinha na acessibilidade de sua figura de apego (VAN IJZENDOORN, 2005). Nesse procedimento, a criança é colocada numa sala, onde fica brincando por cerca de vinte minutos, enquanto cuidadores e estranhos entram e saem do ambiente. O intuito é também observar as reações da criança com o fluxo contínuo, entre presenças familiares e estranhas.

Durante o procedimento, quatro aspectos do comportamento da criança são observados:

1. A quantidade de exploração, o quanto a criança brinca e explora.
2. As reações da criança à partida de seu cuidador.
3. A ansiedade estranha ou a reação à solidão.
4. O comportamento da criança quando ocorre a reunião com seu cuidador.

Ao final do procedimento, a criança é classificada em quatro possíveis grupos, sendo estes:

- **Apego seguro:** quando a criança é seguramente apegada a sua mãe e explora o ambiente, interage com estranhos enquanto a mãe está presente, mas se irrita ao vê-la sair do ambiente; e fica feliz ao vê-la retornar, não interagindo com estranhos durante a sua ausência.
- **Apego inseguro ansioso-resistente:** a criança mostra ansiedade para explorar e para fazer contato com estranhos, mesmo quando a mãe está presente. Quando a mãe se afasta, a criança fica extremamente angustiada e é ambivalente quando a mãe volta.
- **Apego inseguro ansioso-evitativo:** evita ou ignora o cuidador, mostrando pouca emoção quando deixa a sala ou retorna; pode fugir do cuidador quando ele se aproxima e não se agarrar a ele quando segurado; não explora muito, independentemente de quem estiver lá. Trata estranhos da mesma forma que trata seu cuidador, sem muita mudança na escala emocional, independentemente de como está a sala.
- **Apego desorganizado-desorientado:** chora durante a separação, mas evita a mãe quando ela retorna; ou pode aproximar-se da mãe e, então, congelar ou jogar-se no chão, muitas vezes mostrando um comportamento estereotipado, balançando para lá e para cá ou batendo-se repetidamente.

As relações primárias construídas na infância afetam, de certa forma, o padrão de apego do indivíduo ao longo da vida; o rompimento desses vínculos de apego na infância, adolescência ou vida adulta suscita transformações nas imagens do *self*, o que pode ser percebido segundo a teoria de Bowlby. No quadro abaixo, elaborei, de forma prática, o estilo de apego desenvolvido, suas características e consequências nas relações elaboradas por meio do ciclos de vida.

Tipo de apego	Figura parental	Característica de apego (criança)	Consequências a longo prazo (vida adulta)
Apego seguro	Disponível e atento, rápido e consistente ao atender necessidades físicas, biológicas e emocionais da criança. Estabelece com sucesso um vínculo paternal seguro com a criança.	Tem o cuidador como uma base segura para exploração. Protesta contra a partida do cuidador e busca proximidade. Pode ser confortada por estranhos, mas prefere claramente o cuidador (pai ou mãe). Demonstra tranquilidade emocional e facilmente se reconforta em contato com a figura de apego.	Adulto emocionalmente seguro, com autoconfiança e autoestima, estabelece relações afetivas e emocionais respeitosas e saudáveis.
Apego inseguro	Figura parental excessivamente protetora, não permitindo à criança autonomia e o assumir de riscos que levam aos passos rumos à independência. Não confia na criança e suas competências, tem tendência a desencorajar a criança ("Deixa, filho, eu faço, você não consegue").	Pegajoso, incapaz de lidar com a ausência do cuidador (pai e mãe). Procura garantias constantes, tem dificuldade de confiar, sono agitado, sempre em vigília.	Consequência em longo prazo (vida adulta). Adulto com dificuldade de elaborar vínculos afetivos, se relaciona de forma a evitar vínculo, afasta as pessoas. Sofre muito, pois tem dificuldade de falar e demonstrar sentimentos. Abraços e toques parecem perigosos.

Apego evitativo	Pouca troca afetiva. Criança reage com distanciamento ao cuidador, sem qualquer esforço para manter contato. Vínculo com pessoas estranhas na mesma medida que com o cuidador. A criança sente que não há apego/vínculos; criança com baixa autoestima e muitos comportamentos desafiantes.	Criança desencorajada e desafiadora, tendência a choro fácil e birras; não se sente aceita e importante. Elabora comportamentos para chamar atenção, desconfia das pessoas; quando recebe atenção, não sabe como agir, entende que ser criança é ruim. Falas comuns dos adultos: "Pare de chorar", "Não foi nada!", "Você só incomoda!", possui contato inadequado com tecnologias.	Na vida adulta, repete este comportamento, porque acredita que não merece amor. Tendência a vícios, autodestruição.
Ambivalente, equivalente e desorganizado (ambos são derivados de vínculos fracos ou nulos)	Adultos com dificuldade de estabelecer vínculos, violentos ou abusivos resulta uma formação de vínculos fracos ou nulos. Geralmente, ambiente familiar violento e distante.	A criança se sente desprotegida e abandonada emocionalmente. Tem a tendência a gritar, não cumprir combinados, apresenta comportamentos desafiadores e agressivos. Crianças que vivem em total tensão, inclusive expressas no olhar. Estão em constante vingança.	Adulto inseguro, com pouca autonomia, dificuldade de estabelecer relações saudáveis, de assumir a própria vida, de confiar nas relações, baixa autoestima e autoconfiança.

Fonte: ABREU, Cristiano Nabuco. *Teoria do apego: fundamentos, pesquisas e implicações clínicas,* 2020.

Com base no quadro, é possível visualizar os aspectos do estilo de apego ao longo da vida. Uma informação importante é que o estilo desenvolvido não é inato ou sem capacidade de alteração; pelo contrário, como se trata de comportamentos, forma de agir e sentir, pode ser reorganizado por uma nova elaboração de vínculos, considerando que o comportamento de apego, por sua vez, é definido como um conjunto de comportamentos inatos que buscam manter ou estabelecer proximidade com outro indivíduo. Bowlby (2001) acrescenta que tal comportamento é mais evidente nos primeiros anos, mas que esse comportamento acompanhará o indivíduo por toda a vida.

Uma de suas indagações deve ser: então, como faço para desenvolver um apego/vínculo seguro com meu filho? Para auxiliar nessa tarefa, elaborei um roteiro, um caminho. Mas o mais importante é que vínculos não se elaboram somente seguindo um passo a passo, são construídos na convivência, conexão e intenção genuína de estar disponível emocionalmente para essa ação.

Se não se sentir apto, invista em processos de autoconhecimento e autocuidado – e tem ainda a opção de buscar orientação de um profissional. Crianças precisam de acolhimento e segurança para ter autoestima e autoconfiança preservadas, e assim desenvolver autonomia e segurança emocional. Para isso, há alguns aspectos que podem ajudar nessa construção de vínculos seguros:

- **Disponibilidade emocional** – esteja entregue e interessado verdadeiramente na construção dessa relação. Para isso, é necessário que invista tempo em você também, em autoconhecimento e autocuidado. Nessa relação, para que consiga estar disponível, você precisa estar bem. Ninguém oferece o que não tem, conte com sua rede de apoio, peça ajuda e se permita ser ajudada. Quanto melhor você estiver, melhor será a sua condição de reconhecer os sinais que sugerem de seu bebê/filho não está bem ou que algo o incomoda; e a identificar a origem do incômodo. O vínculo se estabelece em cada troca de olhar, toque, na expressão afetiva do amor.
- **Responsividade** – bebê/criança deve estar seguro(a) de que os pais/cuidadores estão atentos e disponíveis para atender e responder de modo adequado às suas necessidades, não vontades.
- **Parentalidade consciente** – os pais/cuidadores têm uma intenção e atenção no momento presente para responder às necessidades (físicas, biológicas e emocionais) de modo consistente e previsível. O processo de consciência envolve estudos acerca de desenvolvimento infantil, autoconhecimento e estado de presença.
- **Amor incondicional/acolhimento** – os bebês/crianças precisam sentir que os pais/cuidadores os aceitam da maneira como são. Acolhendo todas as emoções (medo, raiva, alegria) e comportamentos desafiadores (birras, gritos, explosões emocionais) sem condenar, julgar ou rejeitar.
- **Corregulação/conexão** – bebês e crianças não têm maturidade cerebral e emocional para lidar com sentimentos. Cabe ao adulto o papel de corregulação emocional. Assim bebê/criança, após acolhido(a), consegue voltar ao estado de equilíbrio no qual se sinta seguro. Lembrando que, para ensiná-los a lidar com as emoções, o adulto precisa conseguir lidar com as suas, por isso autoconhecimento é imprescindível.

Importante ressaltar que, em qualquer etapa de vida, é possível reorganizar o estilo de apego, pois quando se estabelece relações emocionalmente saudáveis, com potencial de vinculação segura, por consequência, o estilo de apego pode alterar, ou seja, se a pessoa tem um estilo de apego evitativo e inicia uma relação na qual se sente segura, aceita e importante, a tendência natural é que essa relação seja elaborada por ela de forma mais próxima, segura e vinculada. Então, podemos dizer que relações emocionalmente saudáveis são naturalmente um caminho para reorganizar o estilo de apego.

É sobre isso que convido você para pensar. Todas as informações descritas no decorrer deste texto foram para munir você de informações, com o intuito de instigar o exercício de autoconhecimento e ação reflexiva; quando começamos a entender melhor como funcionamos, temos uma tendência maior a buscar e melhorar os nossos comportamentos e ações. Quantas pessoas você conhece que, devido a um processo terapêutico a um novo relacionamento ou à chegada de um filho, mudaram completamente?

Isso é o resultado de uma reorganização de seu estilo de apego, porque somos seres com capacidade inata à vinculação. Quando temos essa necessidade atendida, relaxamos e nos entregamos. Por experiência própria e clínica, já observei muitas pessoas (inclusive eu), homens e mulheres, que, com a chegada de um filho, mudaram completamente a sua forma de agir, pensar, se relacionar. Nesse momento, por meio dessa vinculação tão singular e poderosa, a pessoa entende que se entregar ao sentir e amar com afetividade é possível e seguro.

O apego é o laço emocional que une a criança ao seu cuidador ou cuidadores (GOMES; MELCHIORI, 2011). Essa ação de atender as necessidades emocionais nos primeiros anos de vida torna-se essencial para que o indivíduo cresça confiante em si e no mundo. Esse cuidado responsivo e disponível proporciona ao bebê e cuidador uma relação íntima, calorosa e segura, proporcionando ao cuidador a experiência da recompensa emocional.

Desse modo, deixo um convite amoroso para você – pai, mãe ou casais tentantes – que elabore consigo a mais íntima relação, reconheça seu estilo de apego, entenda sobre seus vínculos, para que possa ter condições e disponibilidade de entrega emocional, que se deixe envolver por esse laço de amor curativo. Sim, a parentalidade pode proporcionar uma cura emocional sua e do seu sistema familiar.

Ah! Se você leu, se sentiu tocado, tem filhos e pensou que agora já foi e não tem mais como retomar isso – tem filhos na adolescência ou fase adulta – e já não pode elaborar essa vinculação de apego seguro... Pode sim, uma relação de apego seguro se dá pela ação e disposição emocional. Então, proponha uma mudança em seu comportamento. Mude você, assuma essa responsabilidade, passe a ser mais afetivo, dizer e expressar o amor que sente, ensine e vincule pelo exemplo, com calma, paciência e resistência. Quando você se entrega de forma intencional na ação de ser pai ou mãe descobre um amor infinito, leve, doce, extraordinário, que pode romper com ciclos transgeracionais de violência e falta de afetividade. Agora, a escolha é sua. Você tem o poder de mudar tudo a partir de sua ação de amor.

Referências

ABREU, C. N. *Teoria do apego: fundamentos, pesquisas e implicações clínicas*. São Paulo: Casa do Psicólogo, 2005.

BOWLBY, J. *Formação e rompimento dos laços afetivos*. São Paulo: Martins Fontes, 2001.

CROWELL, J. ; TREBOUX, D. *A review of adult attachment measures: Implications for theory and research*. Social Development, 1995.

DOTTO, F. R.; HASLINGER, C.; SPOHR, V. *A criança e seu mundo: compreender a partir do infantil como é estabelecida a interação entre vínculo social e apego*. UNIFRA: Santa Maria, 2012. Disponível em: <http://www.unifra.br/eventos/sepe2012/Trabalhos/6639.pdf>. Acesso em: abr. de 2023.

RAPAPORT, A.; PICCININI, C. A. O ingresso e adaptação de bebês e crianças pequenas à creche: alguns aspectos críticos. *Psicologia: reflexão e crítica*, v.14, n.1, pp. 81-95, 2001; Disponível em: <http://www.scielo.br/pdf/prc/v14n1/5209>. Acesso em: 2 abr. de 2023.

ROCHA, M. P. *Elementos da teoria winnicottiana na constituição da maternidade*. [Dissertação]. Mestrado em Psicologia Clínica. Pontifícia Universidade Católica de São Paulo. São Paulo, 2006. Disponível em: <https://tede2.pucsp.br/bitstream/handle/15511/1/Dissertacao%20MARLENE%20PEREIRA%20DA%20ROCHA.pdf>. Acesso em: 2 abr. de 2023.

VAN IJZENDOOR, M. *Apego nos primeiros anos de vida (0-5) e seu impacto no desenvolvimento das crianças*. Holanda: Leiden University, 2005.

07

O EDUCADOR PARENTAL NAS ESCOLAS

Neste capítulo, destacamos a importância do educador parental na escola. A sua atuação visa preencher lacunas nas relações interpessoais da comunidade escolar. Na orientação familiar, ele trabalha os princípios e valores éticos da cidadania; na escola, a aquisição de habilidades e competências socioemocionais, contribuindo na melhoria da qualidade do ensino e na satisfação da equipe escolar.

ÉRICA CIRILO E MELMA MONTEIRO

Érica Cirilo

Professora do ensino fundamental (anos iniciais), em exercício na Prefeitura Municipal de Caruaru (PE), com magistério pela Escola Estadual Monsenhor Abílio Américo Galvão, em Palmares (PE), 2005. Trabalhou como monitora do Projovem Adolescente, da Prefeitura Municipal Brejo da Madre de Deus (PE), 2011. Graduada em Ciências Biológicas pela Universidade Estadual Vale do Acaraú (UVA/UNAVIDA), Campina Grande (PB), 2015. Pós-graduada em Coordenação Pedagógica pela Faculdade Educacional da Lapa (FAEL), 2016. Possui experiência em coordenação pedagógica em escola pública em Caruaru (PE), pós-graduanda em Educação Parental e Inteligência Emocional na Parent Coaching Brasil e Unifast Educacional (2023) e pós-graduanda no Ensino de Ciências e Matemática na UFPE (2023).

Contatos
Instagram:@shoppingvivaonaturalpsi
81 98122 4037

Melma Monteiro

Professora do ensino básico na variante português-inglês, formada pela Escola Superior de Educação de Lisboa (2008). Trabalhou na área da educação como professora e, atualmente, apesar de não lecionar, desempenha outros papéis ligados à educação na área da formação. Pós-graduada em Neuropsicologia, Inteligências Múltiplas e *Mindfulness* em Educação de Jovens e Adultos pela Universidade António de Nebrija, de Madrid (2021); pós-graduanda em Educação Parental e Inteligência Emocional na Parent Coaching Brasil e Unifast Educacional (2023).

Contatos
Instagram:@melma.monteiro
+351 963 681 200 (Portugal)

O papel do educador parental nas escolas

A escola é o segundo lar da criança e do adolescente e, por isso, precisa ser acolhedor, respeitoso e, também, divertido. Nela, são construídas as relações sociais, pois, ao sair do seio familiar, o educando percebe que o mundo não gira em torno de si mesmo, isto é, apenas de suas necessidades, e sim das necessidades do coletivo no qual ele vive com seus semelhantes. A hierarquia também é ampliada e as regras de convivência são bem diferentes. A diversidade é enorme. Quando o estudante entra no universo social escolar, se vê não como uma pessoa superprotegida pelos adultos, e sim como um cidadão atuante em um ambiente com suas pluralidades, como sujeito de direitos individuais, sociais e coletivos como os demais.

O educador parental vem corroborar nesse ambiente escolar para orientar, mediar e acompanhar as relações interpessoais dos alunos, bem como toda a comunidade escolar, tendo em vista maior necessidade de uma parceria mais efetiva entre família e escola, no acompanhamento do desenvolvimento cognitivo e socioemocional do educando. Isso acontece devido à falta de clareza nos papéis (responsabilidades) desempenhados pelos educadores, pais e professores na formação integral do cidadão.

> É comum vermos escolas, empresas, famílias – inclusive igrejas ou instituições religiosas – doentes; nas quais a maioria é estressada e tem sintomas psicossomáticos. Nunca os pais estiveram tão ansiosos e os filhos, tão inquietos. Jamais os professores estiveram tão fadigados e os alunos, tão agitados. Sem aprender a gestão da mente humana, promover o autocontrole e trabalhar a educação socioemocional, será impossível resolver essa equação.
> AUGUSTO CURY

O conhecimento do educador parental abrange a neurociência, a história da formação da família, o desenvolvimento infantil e adolescente, a inteligência emocional, entre outros temas que envolvem a formação integral do ser humano. Esse profissional vem contribuir para facilitar as relações interpessoais e socioemocionais da comunidade escolar. Tendo em vista que gestores, coordenadores pedagógicos e professores têm uma alta demanda em organizar um ambiente educativo acolhedor e acompanhar o desenvolvimento cognitivo do educando. Ficando sobrecarregados com as questões socioemocionais que causam um desequilíbrio na convivência pacífica da escola. Sendo que, por diversas vezes, precisam interromper a aula para separar conflitos de *bullying*, de violência verbal e física entre alunos. O educador parental é essencial na educação básica, pois preenche a lacuna entre a teoria e a prática no desenvolvimento das competências socioemocionais previstas no plano curricular da educação básica, iniciando com o processo de construção de uma cultura de paz na sociedade.

Áreas de atuação na comunidade escolar

A educação parental procura trazer um novo olhar para a educação escolar. A proposta é usar o trabalho conjunto como uma ferramenta poderosa para melhorar e impulsionar as interações entre profissionais, alunos e famílias, agregando valor no contexto escolar por meio de técnicas inovadoras e práticas. Assim, o educador parental ajuda a criar uma perspetiva integral do ser humano que engloba os talentos, as qualidades, as competências, os modelos mentais, os julgamentos, as emoções, as crenças, os princípios e os valores. O objetivo é analisar de qual forma esses processos têm influência nas relações acadêmicas, pessoais, sociais e profissionais. Assim, incide em três vertentes: professores, alunos e comunidade educativa no geral.

No que diz respeito aos professores, são modelos, conhecem cada criança e colaboram da melhor forma na sua construção social. Assim, para inspirar, o professor precisa estar inspirado, acreditar que a mudança é possível, ter sede de aprender e paixão por ensinar. Para ser bem-sucedido, deve estar sempre em formação contínua para atender as necessidades dos seus alunos. A educação parental vem resgatar o brilho inicial dos professores e propõe ajudá-los no desenvolvimento pessoal e profissional, procurando obter melhor performance e alcançar as metas traçadas. Centra-se no desenvolvimento fornecendo-lhes recursos e ferramentas de trabalho que permitam melhorar o desempenho para que também possam aprender a encantar e inspirar, além de ensinar.

Relativamente aos alunos, o modelo da educação parental defende liderança compartilhada e contextos de aprendizagem mais colaborativos por meio de processos de valorização. Os alunos fazem mais do que simplesmente acumular informação, desenvolvendo hábitos de pensamento focado e competência de gerir as emoções diariamente. O pressuposto é que o processo de ensino--aprendizagem não tenha como único objetivo os resultados acadêmicos, mas também a formação de pessoas emocionalmente saudáveis. O aluno precisa ver no ambiente escolar a oportunidade de crescer e aprender a conviver em sociedade de modo integral, isto é, com conhecimentos técnicos e científicos para o trabalho e habilidades socioemocionais para viver de maneira pacífica com seus pares, bem como com todos os membros dos demais grupos sociais. E é o professor, como seu mestre, que vai despertá-lo para esse fato e inspirá-lo, criando um ambiente dinâmico de aprendizagem no qual a curiosidade flui, o aluno expressa ideias e opiniões sobre o que lhe é ensinado, questiona, cria hipóteses, desenvolve próprios projetos, aprende com os insucessos, avalia e reflete sobre o próprio trabalho. Respeitando a opinião dos colegas, sendo empático com as limitações dos outros e praticando a gentileza nas atividades em grupo. Reconhecendo que para ter sucesso não basta saber as técnicas, é preciso saber conviver.

No que diz respeito à comunidade educativa, o educador parental vai ajudar a mediar os conflitos entre os diferentes intervenientes, sejam professores, alunos, pais ou diretores. Assim, fornece-lhes ferramentas que facilitarão a tomada de decisões e acordos entre as partes envolvidas no conflito. Por exemplo, em casos de *bullying*, a comunidade escolar torna-se apta a agir de forma estruturada pela identificação de mudanças que indiciem esse comportamento, fazendo uma abordagem individualizada com perguntas que estimulem o diálogo, tomando as medidas necessárias e ampliando o diálogo para as turmas e famílias em iniciativas que visem à sensibilização para o tema. Por exemplo, ao lidar com a diversidade, uma abordagem positiva é destacar exemplos de superação de grandes personalidades que não limitaram suas vidas por causa de deficiências, sublinhando que o normal é ser diferente.

Orientações para a cooperação familiar e escolar

A educação parental tem como objetivo trabalhar valores, consciência e forças. Um bom educador é aquele que, por meio do seu exemplo, da sua forma de estar e ver o mundo contagia o ambiente à sua volta e a vida daqueles com quem se relaciona.

Em contexto escolar, a educação parental tem por objetivo prevenir, gerir conflitos, solucionar ou diminuir problemas de comportamento. Aumentar o rendimento acadêmico e a motivação de professores e alunos, bem como aumentar a participação das famílias no dia a dia da escola. Promovendo aprendizagens com os alunos e familiares, melhorando o clima escolar. O foco é essencialmente canalizado para a promoção do máximo potencial de cada aluno, dos seus verdadeiros interesses e motivações. A educação positiva tem como objetivos a promoção do prazer de aprender e a criação de momentos que favoreçam o bem-estar, o otimismo e a felicidade dos alunos.

Os adultos que convivem com as crianças, quer em contexto familiar, quer em contexto escolar, podem proporcionar diálogos abertos com as crianças, potenciando um clima de autorresponsabilidade e de socialização saudável, mesmo sem a presença do adulto. Por diálogos abertos, as crianças constroem um significado sobre si mesmas, sobre os outros e melhor compreensão de rotinas em casa e na escola, estabelecidas com limites, disciplina, regras claras, direitos e deveres sem o uso de violência física ou tratamento humilhante. O que se pretende é ensinar a criança a pensar nos prós e contras de obedecer ou transgredir os acordos. Usar brincadeiras, contar histórias, o contato com a natureza são algumas ferramentas que enriquecem a formação psicossocial que determina o amadurecimento do neocórtex (cérebro), que tem uma época ótima para ser desenvolvido. A escola, como espaço múltiplo de aprendizagens, trabalha para além do cognitivo, o lado emocional e afetivo da criança pelo qual ela vivencia alegrias e frustrações, encontra soluções para seus problemas rumo ao crescimento emocional.

Rompendo com o modelo tradicional, que coloca ênfase em conteúdo e habilidades, a educação parental defende uma abordagem a partir de uma cultura de valorização, ou seja, a capacidade de escolher e agir de acordo com valores e convicções. Os valores são um conjunto de características de uma pessoa, grupo ou organização, os quais determinam a forma como se comporta e como interage com outros indivíduos e com o meio ambiente. É primordial resgatar alguns valores que alicerçam a forma de pensar, sentir e agir e que orientam para os objetivos. Por exemplo, identificar os valores ajuda o professor a perceber porque fica tão afetado quando determinada regra ou orientação não é cumprida pelos alunos, perceber o que o faz agir e remodelar algumas atitudes sem precisar mudar sua escala de valores.

O educador parental e os alunos

As emoções são a força motriz das ações humanas, ou seja, por mais que sejamos seres racionais, pensantes, nos deixamos conduzir de fato pelo que sentimos no momento. Deixamos de sair porque estamos tristes ou saímos demais porque estamos chateados com alguém. Abraçamos ou agredimos com palavras e contato físico porque estamos com raiva ou angustiados. A alegria nos faz esquecer do tempo e atrasar compromissos. Somos como o mar profundo e naturalmente calmo, porém, com a força do vento, formam-se ondas gigantes que viram as embarcações enormes e batem nos rochedos querendo tirá-los do lugar; quando o vento passa, o mar fica calmo novamente. No entanto, a destruição fica não só nos barcos ou rochedos, mas também em nós; os estilhaços se acumulam nas profundezas do mar, no nosso interior. Por isso vemos tanta violência nas famílias, nas escolas e nas ruas, pois as pessoas não sabem lidar com seus vendavais. O pai da inteligência emocional fala da importância de aprendermos lidar com as emoções ainda como crianças.

> Portanto, as capacidades de inteligência emocional começam em nossos primeiros anos e se desenvolvem naturalmente no currículo da vida. Se precisamos melhorar em uma ou outra coisa, podemos fazer isso a qualquer momento. Mas por que não dar a oportunidade a toda criança uma vantagem inicial nessas habilidades na vida? É por isso que defendo o movimento que é chamado de "aprendizagem social/emocional", ou SEL, programas escolares que ensinam todo espectro das capacidades de inteligência emocional. Os melhores vão do jardim de infância ao médio e ensinam essas habilidades em qualquer idade de um modo adequado de desenvolvimento.
> DANIEL GOLEMAN

O educador parental vem para pôr em prática esse conhecimento na sociedade, trabalhando nas escolas, ministrando palestras e cursos, bem como elaborando projetos *antibullying*, antirracismo, e de combate ao preconceito e à discriminação entre os alunos, promovendo uma cultura de paz na escola. Para que todos possam entender que ter inteligência emocional é imprescindível para as relações humanas, tendo em vista que o ser racional não deveria, mas deixa-se levar pelas emoções, causando pequenos conflitos e grandes guerras por motivos triviais. Esse trabalho começa com as crianças, na construção da paz em sociedade; com a vivência de projetos de modo interdisciplinar, voltados à prática diária dos princípios e valores éticos da humanidade desde a tenra idade. Afinal, somos o fruto do século passado, quando pouco se ouvia falar de inteligência, emocional, por isso aprendemos que quem tem dinheiro, arma, poder ou músculos são os mais fortes. No entanto, a nossa realidade nos mostra ricos depressivos, homens armados matando inocentes, poderosos fazendo injustiças e musculosos frustrados. Enquanto milhares de pessoas, que não têm nada disso, são as mais felizes da terra. Temos que aprender com elas e com as novas descobertas científicas um jeito melhor de viver. O educador parental chegou para contribuir nas famílias e nas escolas com esse novo jeito de saber conviver para ser feliz de verdade. Paz dentro pela paz fora, a construção de uma cultura de paz deve começar nas escolas.

Referências

CURY, A. 20 *regras de ouro para educar filhos e alunos: como formar mentes brilhantes na era da ansiedade.* São Paulo: Academia, 2017.

CURY, A. *Filhos brilhantes, alunos fascinantes.* São Paulo: Academia, 2013.

CURY, A. *Pais brilhantes, professores fascinantes.* São Paulo: Sextante, 2003.

FINKEL, D. *Dar classe com la boca cerrada.* Valência: Universitat de València, 2008.

GARDNER, H. *Inteligências múltiplas: a teoria na prática.* Porto Alegre: Artmed, 2005.

GOLEMAN, D. *Inteligência emocional.* São Paulo: Temas e Debates, 2010.

GOLEMAN, D. *O cérebro e a inteligência emocional: novas perspectivas.* São Paulo: Objetiva, 2012.

SELIGMAN, M. *A vida que floresce.* São Paulo: Estrela Polar, 2012.

08

DESAFIOS DA PARENTALIDADE
BULLYING

O *bullying* é uma prática que prejudica nossa sociedade. Diante de tantas informações, notícias e relatos, nos sentimos apavorados, impotentes e cheio de questões, principalmente de como ajudar nossos filhos, crianças e adolescentes, a lidarem com a raiva, os conflitos, os medos e as frustrações. Ensinar e desenvolver habilidades socioemocionais saudáveis é apenas uma das formas de transformar vidas.

LUCIANE KELLER MORAN RIGON

Luciane Keller Moran Rigon

Casada, mãe da Sophya, docente há mais de 15 anos em ensino da língua inglesa para crianças e adolescentes. Graduada em Administração com ênfase em Análise de Sistemas, Letras Português/Inglês e pós-graduada em Literatura-Língua Inglesa e Americana, Contação de Histórias, Educação Parental e Inteligência Emocional. Professora-orientadora de TCC de alunos do ensino médio. Certificação em *Parent Coaching* Vocacional, *Parent Coaching* Escolar e *Parent Coaching* Ferramentas, pela Parent Coaching Brasil, certificado *Coaching* Infantil, Teen, Método *KidCoaching/TeenCoaching* e analista comportamental pelo Instituto InfantoJuvenil/ICJI – RJ.

Contatos
www.lucianekeller.com.br
contato@lucianekeller.com.br
Instagram: @lucianekellerofc
LinkedIn: Luciane Keller

Como pais, vivemos um desafio diário na educação de nossos filhos. Com tantas informações e poucas formações, enfrentamos tempos difíceis e situações indesejáveis. Mas como lidar com tudo isso? Como proteger nossos filhos? O que podemos fazer? Qual o meu papel enquanto membro da família?

Antes de responder a todas essas dúvidas, vamos à definição da palavra *bullying*, tão falada atualmente.

É uma palavra que tem origem no termo inglês *bully*, que significa brigão, valentão, mandão, sendo indivíduos que intimidam verbal ou fisicamente outras pessoas com o objetivo de humilhar, ameaçar, agredir, intimidar ou ridicularizar, de formas repetitivas e intencionais, uma ou mais vítimas. Segundo Valente (2012), "a palavra *bully* é utilizada para descrever uma pessoa que usa força para intimidar ou agredir outra mais fraca".

Sendo assim, definimos como uma perseguição indesejável, repetitiva, intencional, com objetivo e forma consciente de causar dor, angústia, humilhação, exclusão, perseguição, discriminação e propagar mentiras, nas quais a vítima se julga incapaz de tomar qualquer atitude.

Nem toda agressão física ou moral é classificada como *bullying*. Para que haja essa definição, é necessário estarmos atentos a outras quatro características: a intenção do autor em ferir o indivíduo, a repetição da agressão, a presença de público, a concordância do "alvo" com relação às ofensas e às ocorrências em pares, e isso tudo podendo ocorrer em diferentes contextos – não só os escolares, mas também em igrejas, condomínios, clubes, entre outros lugares – e classes sociais.

Pode se apresentar por variados motivos, quando o agressor quer ser o mais popular e ter uma boa imagem de si diante dos outros. Muitas vezes, o agressor é carente de empatia, inseguro sobre si mesmo e sofre os mesmos tipos de agressões as quais pratica; ou por estar inserido em uma família disfuncional, com escassez de afetividade, amor, limites e atenção, sofrendo violência emocional ou familiar.

Existe o estereótipo de que o agressor (*bully*) é forte, antissocial, valentão; mas ao contrário do que se pensa e ouve, ele, muitas vezes, é o mais popular, inteligente e manipulador no meio social em que está inserido. Criativo, amigo, líder e divertido do grupo, nutre um tipo de felicidade e sarcasmo. Seu prazer surge do menosprezo, da vergonha que causa ao outro; apresenta um grande vazio emocional e tem uma grande necessidade de se sentir superior.

Identificar os protagonistas dessa história é necessário para evitar grandes sofrimentos a todas as partes envolvidas. Orientar, impor limites, verificar quem são seus amigos, monitorar o uso das redes sociais, estar atento a mudanças sutis de comportamento são alguns dos traços que servem de alerta para intervenções, pois a vítima de hoje pode se tornar o agressor de amanhã.

O *bullying* não existe apenas no ambiente externo, esse tipo de violência ocorre também no ambiente familiar, por membros pertencentes, que deveriam proteger e cuidar. A relação de desigualdade de poder, um lar hostil, em que a violência é usada como disciplina, irmãos mais velhos agressores, pais autoritários e valentões e mães narcisistas levam algumas crianças e adolescentes a reproduzirem tais aprendizagens – por convivência, observação e influência. Além disso, os exemplos de padrões socioculturais desvalorizam certos atos de violência e consideram normal o uso desse tipo de ação. Embora o ambiente familiar deva ser um lugar de acolhimento, afeto, respeito, autoaceitação e segurança, observamos que em muitos casos isso não ocorre, principalmente pelas inversões de papéis, negligências e outras somatórias de coisas, como famílias disfuncionais, com relacionamento afetivo escasso, que não aprenderam a transformar o ódio em diálogo, a falta de habilidades sociais e a terceirização na criação dos filhos. Tudo isso corrobora para o estudo feito por Baldry (2003), no qual constatou que lares violentos são motivadores de risco para o desenvolvimento de comportamentos antissociais, além da violência doméstica, que também contribui muito como fator de risco e faz parte de um problema social, educacional e de saúde.

Pesquisas apontam que o aumento de casos se concentra nos estilos parentais autoritários e permissivos, que tendem a desenvolver relações inadequadas entre si.

O *bullying* é um tipo de violência que vem crescendo e merece muita atenção por se apresentar de diferentes maneiras: Físico – violência física, como socos e chutes; Psicológico – perseguir, aterrorizar, manipular, intimidar e dominar, atingindo a autoestima da vítima; Moral – difamação, boatos, calúnia ou apelidos que humilham; Verbal – insultos e xingamentos de formas repetitivas; Sexual – assédio, indução ou abuso de uma pessoa; Social – ações de ignorar, isolar, excluir alguém constantemente, devido a sua aparência ou gostos; Material – furtos, roubos ou destruição dos pertences da vítima; Virtual – mais frequente e consiste em humilhar, expor, constranger, ridicularizar e falsificar os dados da vítima.

É perceptível que até mesmo entre as crianças menores essa prática vem crescendo e requer maior atenção, já que pequenas intrigas, boatos cruéis, fofocas levam as vítimas ao isolamento, prejudicam o desenvolvimento e causam a exclusão. Acarretam inúmeras consequências para a vida, algumas bem preocupantes como distúrbio do sono, baixa autoestima, medos – principalmente de se expressar em público – de relacionamento e comunicação, dificuldade de aprendizagem, resistência à frustração, diminuição da capacidade de autoafirmação, problema de estômago, transtornos alimentares, de ansiedade, bipolaridade, depressão, demência, abuso de substâncias, irritabilidade, dor de cabeça, falta de apetite, pensamentos destrutivos, automutilação e, em casos extremos, suicídios.

Uma batalha real, cruel e silenciosa que causa uma dor profunda, feridas imensas e de difícil cicatrização; um jogo de terror, focado em disseminar o mal e ostracizar a vítima.

Atentarmos e reconhecermos os comportamentos individuais, coletivos e as situações que vão além de uma mera brincadeira é essencial para identificar a violência que, dependendo do caso, pode afetar emocional e fisicamente nossos filhos.

Conduzir emocionalmente, ensinar os princípios e valores familiares, perspectiva de futuro, participar ativamente de suas vidas, proteger, compartilhar e desfrutar de uma rede de apoio, passar a mensagem de que podem confiar e que tenham a quem recorrer, criar ambientes protegidos, saudáveis, promover qualidade de vida e bem-estar é nossa obrigação e responsabilidade como adultos.

Encarar as consequências do *bullying* é de interesse social e um dos desafios da parentalidade, visto que é um tema sério, tão complexo que pode interferir no desenvolvimento e na vida adulta de nossos filhos. Não porque envolva meramente amar, cuidar, encorajar e orientar, mas, sim, porque garante suas necessidades, segurança e uma relação significativa. Respeitar as diferenças, os sentimentos do outro, encontrar formas assertivas de se posicionar, expressar adequadamente seus sentimentos, valorizar a dignidade de cada um, adquirir novas competências, ferramentas de assertividade, de gestão emocional, conscientizar por meio de ações educativas, preparar e transformar nossos filhos para uma convivência em sociedade feliz e em paz. A participação, o uso de práticas parentais, a proximidade e o incentivo da família são de extrema importância e essenciais para o desenvolvimento emocional saudável de cada um, agora ou futuramente. Fortalecer, desenvolver a resiliência para ajudar nossos filhos a lidarem com o *bullying*, com as frustrações, o sofrimento, conversar sobre o assunto, filtrar como algo positivo, investir em um vínculo familiar de qualidade, maior envolvimento, aceitação, valorização de cada um com suas características e diferenças, apoio e sentimento de proteção, é importante para que acreditem em si, se sintam acolhidos em qualquer situação, melhorem sua qualidade de vida e desenvolvam um espaço para o diálogo assertivo.

Proporcionar experiências de acordo com a idade e o entendimento de cada fase da vida é essencial e importante, requer investimentos afetivos e de assistência social. Ajudar a construir e reforçar as ligações de amizades, talentos e habilidades, contribuir para desenvolver uma postura positiva diante dos desafios e de situações conflitantes desenvolvem a autoestima e aceitação da autoimagem.

Conversar com as crianças e adolescentes é um dos principais vínculos: fortalece os laços, ajuda a atravessar a tempestade de forma mais tranquila e sem grandes traumas. É por meio deles que se encontra segurança, estabilidade, respeito e acolhimento; sem críticas, julgamentos ou rótulos; isso faz com que a vítima, o agressor e a testemunha se sintam acolhidos e tenham a confiança necessária para relatar as dificuldades que passam. A ausência de conexão e da proximidade – entre pais, educadores e filhos – impede muitas vezes a busca por ajuda, por sentirem vergonha e medo de que a situação piore ainda mais.

Atuar com paciência, se envolver e ter conhecimento verdadeiro sobre as situações, por mais complexas e difíceis que pareçam, e agir com resiliência produz efeitos positivos. Nossos filhos, como nós, em alguns momentos se veem e se sentem imperfeitos diante do mundo e da sociedade. Desenvolver estratégias para ressaltar a sua força, trabalhar o encorajamento, a prevenção, a conscientização e o combate auxiliam na resolução dos conflitos e apresentam questionamentos que justificam a sua transformação, tornando-os mais fortes.

Precisamos criar uma geração mais robusta que não se magoa, se fragiliza por qualquer coisa, que não se sinta tão afetada com a opinião dos outros, com um comentário ao qual discorda, como se fosse o fim do mundo. Por isso, se faz necessário desenvolver e trabalhar as habilidades emocionais e sociais e contar com a participação, maior envolvimento e um olhar sensível da família. Lutas, conflitos e frustrações fazem parte da nossa existência, tudo que vem muito fácil acomoda e não gera resistência para dias difíceis.

Presença e diálogo constante, condução emocional, perspectiva de futuro, respeito, tolerância com outro, tempo de qualidade, envolvimento com nossos filhos e em família, isso tudo auxilia no desenvolvimento e no crescimento saudável como um todo.

Exemplificar situações de conflitos com casos reais é uma forma de transformar, estreitar e compartilhar a importância de pensar em longo prazo – e que tomar decisões envolve a si e aos que amam. Partilhar cenários conflitantes, sofridos por celebridades, e expor como canalizaram e lidaram com seus abusadores é uma das formas mais assertivas de ajuda.

Redirecionar o caminho, procurar ajuda profissional, criar condições para que saibam se defender, se proteger, se recuperar e não negar os sentimentos é uma das formas de educar e contribuir para um mundo melhor.

Criar e implementar estratégias para a prevenção contra o *bullying* é um dever social e ético, por ser um fenômeno que vem crescendo e tomando grandes proporções. Embora essa prática foi muito usada na antiguidade, só começou a ser estudada no século XIX, em que se caracterizou como um fato que requer mais atenção e compreensão.

Outro ponto de destaque é entender que filho exige tempo, dá trabalho, não importa a idade; e que é nossa responsabilidade desenvolver um socioemocional saudável, prevenir, proteger e não terceirizar o que eu quero que o outro faça por mim.

Erradicar o *bullying* é um ato de paz e contribui para a formação de adultos equilibrados, um futuro com menor índice de violência e mais seguro.

Referências

DA SILVA, B. *Bullying*. Disponível em: <http://186.251.225.226:8080/handle/123456789/80>. Acesso em: 11 abr. de 2023.

FARIA, J. *Papel dos pais no desenvolvimento da resiliência em vítimas de bullying escolar*. Disponível em: <https://periodicos.ufscar.br/indexphp/cbsm/article/downloda/69671/43286>. Acesso em: 11 abr. de 2023.

FERNANDES, E.; HENRIQUES, S.; MENDES, S.; RIBEIRO, E. *Bullying: conhecer para prevenir*. Disponível em: <https://revistas.rcaap.pt/millenium/article/view/8079/5681>. Acesso em: 10 abr. de 2023.

MOURA, L.; SENRA, L. *A violência familiar como fator de risco para o bullying escolar: contexto e possibilidades de intervenção nas relações familiares.* Disponível em: <http://posgrad.ulbra.br/periodicos/index.php/aletheia/article/view/3399>. Acesso em: 2 abr. de 2023.

ROCHA, M.; COSTA, C.; NETO, I. *Bullying e o papel da sociedade*. Disponível em: <https://periodicos.set.edu.br/cadernohumanas/>article/view/534/259>. Acesso em: 12 abr. de 2023.

SILVA, A. B. B. *Bullying: mentes perigosas.* São Paulo: Principium, 2015.

SILVA, E. *O bullying no ambiente escolar do contexto sociocultural de Floriano*. Disponível em: <https://ri.ufs.br/bitstream/riufs/10170/11/10.pdf>. Acesso em: 30 abr. de 2023.

09

CRIANÇAS EM PERIGO
AUTORITARISMO PARENTAL, OBEDIÊNCIA INFANTIL E VULNERABILIDADE AO ABUSO SEXUAL

Pais e mães vivem desafios quanto à educação infantojuvenil. Nas práticas parentais autoritárias, a criança aprende a obedecer sem questionar, tornando-se vulnerável ao *grooming* e violências diversas. O melhor fator de prevenção de exploração e abuso sexual de crianças e jovens está na educação parental respeitosa, que promova habilidades socioemocionais, cognitivas e uma sexualidade saudável.

MARCIA FERREIRA AMENDOLA

Marcia Ferreira Amendola

É psicóloga, formada pela USP (CRP 06/151723). É doutora e mestre em Psicologia Social pela UERJ, especialista em Psicologia Clínico-hospitalar (UERJ), pós-graduada em Educação Parental e Inteligência Emocional pela Parent Coaching, além de habilitada pelo Programa de Estudos em Rede no Método Montessori pelo Lar Montessori. Possui capacitação para avaliação psicológica em casos de abuso sexual infantojuvenil pela ABRAPIA, atuando há mais de 20 anos em processos judiciais e como professora em vários cursos de pós-graduação sobre essa temática. Foi conselheira no CRP-RJ e psicóloga do Núcleo Perinatal do HUPE/UERJ. É facilitadora do Programa Encorajando Pais®, Educação Emocional Positiva® e Terapia Emocional. Coordena grupos de pais e mães com o foco na educação parental encorajadora e orientação sexual. Seu maior interesse está na prevenção de abuso sexual e outras violências contra crianças. Oferece psicoterapia para mulheres-mães. É escritora e poetisa.

Contatos
canalpsionline.wordpress.com/
psi.amendola@gmail.com
Instagram: marciamendola; canal_psi
11 99257 2801

Pais, mães e responsáveis estão se deparando, dia a dia, com enormes desafios frente à educação que devem oferecer à criança para que ela se desenvolva com saúde e bem-estar. A tarefa que lhes cabe é a das mais complexas: devem preparar a próxima geração para a vida em sociedade.

A sociedade atual oferece numerosos e diversificados estímulos, distantes do entendimento de infância dos séculos passados. O mundo das relações virtuais se confunde com valores e práticas transmitidas de geração em geração. São tantas as informações disponíveis que fica difícil saber como proceder. Onde encontrar o manual para educar as crianças?

A verdade é que cuidar e educar ganharam novos sentidos, e ser pai ou ser mãe se tornou um lugar afetivo. Sendo assim, requer que as práticas educativas parentais sejam compreendidas como um processo complexo e dinâmico que inclui inúmeras etapas que vão do cuidado físico até medidas que promovam o desenvolvimento mental, social e sexual das crianças.

Tais práticas educativas ou "estilos parentais" são estratégias de interação entre adultos cuidadores e filhos, culturalmente delineadas e partilhadas socialmente por um sistema de crenças, valores, expectativas, classes sociais, raça e modos de cuidar de crianças. Além disso, são influenciadas por fatores individuais dos cuidadores, pelas características individuais da criança, pelo contexto e pela transmissão intergeracional.

De acordo com a combinação entre esses elementos, os estilos classificam-se em: "estilo participativo" ou autoritativo, "autoritário, permissivo e negligente" (MACANA & COMIM, 2015, p.38).

A depender do estilo parental exercido e da qualidade das experiências de vinculação, um modelo de apego será estabelecido entre os cuidadores e a criança, influenciando no senso de segurança e na condição de bem-estar dela. São esses últimos os responsáveis pelo desenvolvimento de competências socioemocionais e cognitivas, organizadoras da personalidade da criança e da sua relação com o mundo.

Quando a prática parental é predominantemente autoritária, a criança aprende, desde cedo, que deve obedecer sem questionar. Montessori (2019, p.180) faz referência a essa atitude do adulto "em virtude de um direito natural reconhecido, que ele possui pelo simples fato de ser adulto. Discutir tal direito significaria atacar uma forma de soberania estabelecida e consagrada". É o que se denomina adultocentrismo. A "criança deve calar e adaptar-se a tudo. Se ela chega a manifestar qualquer resistência, [...] seus protestos podem ser julgados como insubordinação", uma afronta à autoridade parental e, por isso, reprimidos e desencorajados.

Assim, a criança obedece para evitar palmadas, cascudos, puxões de orelha ou de cabelo, beliscões, chutes, empurrões, chineladas, pauladas ou qualquer outro assalto físico. Ocorre o mesmo com a criança que sofre castigos, retirada de privilégios, privação de contato/isolamento, que é negligenciada, criticada, ofendida, humilhada e culpabilizada. Todas são experiências que geram dor física e emocional, portanto, formas de opressão, abuso de poder e violência disfarçadas de proteção à criança, pois o adulto acredita que sabe o que é melhor para ela.

Outra estratégia comum para obtenção do controle, aparentemente inofensiva, é quando os cuidadores "compram" ou negociam a obediência da criança por meio de oferta de dinheiro, prêmios, recompensas, inclusive elogios.

Enquanto os castigos e punições são reforçadores negativos, os quais a criança busca evitar, os elogios e prêmios são reforçadores positivos no condicionamento do comportamento humano, os quais a criança deseja receber. Significa dizer que todos são processos de modelagem do comportamento infantil, duas faces de uma mesma moeda, na qual os adultos desencorajam certos comportamentos e fortalecem outros.

Com o uso constante desses reforçadores, a criança cria uma atenção expectante aos estados emocionais e vontades dos adultos, a fim de perceber como deve se comportar, renunciando à própria vontade daquilo que sente e pensa, enfim, do que a torna autônoma.

Com isso, pode se tornar impotente, dependente, submissa, insegura, ansiosa, medrosa; em outros termos, uma criança com comportamentos internalizantes, considerada "boazinha" e dócil ao comando dos adultos; ou ainda, ressentida, rebelde e até vingativa, em outros termos, uma criança com problemas externalizantes, considerada "problemática", difícil, opositiva-desafiadora. Seja se submetendo ou subvertendo a ordem, com o passar do tempo, vislumbra-se a deformação da criança, consequentemente, gerando fragilização nos laços de confiança, prejudicando o estabelecimento de relações saudáveis com outras pessoas.

Quando as relações estão fragilizadas, a criança torna-se vulnerável, propensa a mentiras, isolamento social, segredos e adoecimento emocional e mental, fato que oportuniza a procura por outras fontes de conexão, facilmente efetuadas nos ambientes virtuais (FERREIRA, 2022).

Nesses ambientes, crianças e jovens são envolvidos afetivamente, seduzidos por pessoas que se dizem amigas, usando de imagens falsas e de idade próxima a deles, por fim, para tirarem vantagem, expondo-os a riscos de ordem física, cognitiva e comportamental, como *cyberbullying*, sequestro, aliciamento, exploração sexual, acesso a conteúdo pornográfico, sexting[1], sextorsão[2] e abuso sexual ou "estupro virtual"[3]. A essa prática dá-se o nome de *grooming* ou aliciamento.

O relatório de Finkelhor, maior autoridade mundial sobre abuso sexual infantil, revelou que 19% das crianças que acessam a internet recebem propostas de cunho sexual, sendo que os aliciadores "não correspondem ao estereótipo da mídia no sentido de ser um indivíduo do sexo masculino e mais velho. Muitos eram jovens" que se engajam em comportamentos de coerção sexual e *sexting* (WILLIAMS & PRIOLO-FILHO, 2019, p.81).

Além desse tipo de abordagem, dados da pesquisa da TIC Kids Online Brasil (2021) apontam que crianças acessam material com temáticas sexuais na internet cada vez mais cedo, a partir dos nove anos de idade, movidas, em geral, por curiosidade e falta de orientação.

Isso significa que, querendo ou não, a realidade é que existe uma "janela" não protegida em que as crianças estão recebendo informações de cunho sexual via internet, bem como solicitações para produzirem tais conteúdos à revelia dos familiares e educadores.

Por sua vez, o interesse por cenas pornográficas em sites tem elevado o número de adolescentes meninos que violentam seus pares ou meninos menores como uma forma de iniciação sexual, imitando o que viram. Das crianças que sofrem abuso, boa parte não revela o ocorrido, reforçando os índices de subnotificação da violência sexual infantojuvenil no país (HOHENDORFF, HABIGZANG & KOLLER, 2014).

---

[1] É o uso de redes sociais, aplicativos e dispositivos móveis para produzir e compartilhar imagens de nudez e sexo.

[2] É a ameaça de se divulgar imagens íntimas para forçar alguém a fazer algo.

[3] Termo usado judicialmente na condenação de um autor de abuso sexual em ambiente virtual.

Além desse panorama, a violência sexual intrafamiliar é o que predomina no país. Dados do Fórum Brasileiro de Segurança Pública (2022) demonstram que 74,7% das vítimas de estupro no Brasil são crianças menores de 13 anos. A maioria são meninas menores de cinco anos, pertencentes a todas as classes sociais, sendo o pai o maior agressor (68,6%).

Porém, esse não é um retrato real, pois apenas 10% dos casos são notificados. Essa subnotificação está atrelada a fatores diversos, com destaque para o silenciamento da criança, que mantém segredo por obediência ao agressor, medo e falta de conhecimento sobre o que é abuso sexual. Também pode-se constatar o despreparo dos adultos, tanto para identificarem indícios físicos e comportamentais nas crianças quanto para acolherem as revelações de abuso feitas por elas. Há, ainda, casos de cumplicidade, negação e descrédito. Todos contribuem para a desproteção da criança, impunidade do agressor e manutenção do abuso sexual infantil.

No Brasil, o Ministério da Saúde (2001) define abuso sexual contra criança e adolescente a atividade sexual, com ou sem contato físico, com pessoa que mantenha uma relação de poder/autoridade com a vítima, sendo essa incapaz de compreender e de dar consentimento. A finalidade do ato libidinoso é usar a criança/jovem para satisfação sexual do autor do abuso, para tanto, pode usar de meios coercitivos, violentos, com punições e ameaças ou da sedução, recompensas, barganhas para conseguirem que as crianças obedeçam a suas ordens e ainda guardem segredo.

Percebe-se, desse modo, a estreita relação que guarda entre o modelo educativo parental autoritário e a vulnerabilidade em crianças e jovens que os colocam em perigo frente ao assédio e à violência sexual intra e extrafamiliar.

Em diversos estudos, desenvolvidos no país e fora dele, constatou-se que medidas educativas de conscientização das famílias sobre a sexualidade infantojuvenil são eficazes na prevenção desse tipo de violência (SANTOS, 2009).

Contudo, o tema sexualidade ainda desperta polêmicas, isso porque "existem carências devido aos pais não saberem como tratar a sexualidade, não terem informações ou por vergonha", sendo comum confundir educação sexual com "falar sobre sexo" ou "ensinar ou estimular a prática do ato sexual" de forma precoce na população infantojuvenil. Em razão disso, muitas famílias ou proíbem ou delegam à escola a abordagem do assunto com seus filhos (SOUZA, 2010, p. 44).

Embora essa situação possa ensejar a integração família-escola, estabelecendo uma responsabilidade educativa compartilhada, a escola nem sempre está preparada, limitando-se, muitas vezes, à abordagem da sexualidade em sua dimensão biológica, vinculada à reprodução, prevenção de infecções sexualmente transmissíveis (IST) e gravidez na adolescência, para alunos do 8º ano do Ensino Fundamental, segundo a Base Nacional Comum Curricular (BRASIL, 2018).

Sem menosprezar a relevância da orientação sexual nas escolas, é preciso lembrar que maioria das vítimas de violência sexual são crianças menores de cinco anos, deduzindo-se que essa intervenção, além de insuficiente, chega tarde demais para a prevenção do abuso sexual infantojuvenil.

Deste modo, recomenda-se que os programas educativos que visam à educação sexual de crianças e jovens para a prevenção do abuso sexual sejam destinados aos pais e mães para que possam se informar, planejar, desenvolver habilidades socioemocionais e, assim, poderem exercer a parentalidade de forma consciente, contribuindo para a formação de um vínculo seguro e saudável com suas crianças.

Quanto mais cedo os casais e as famílias se prepararem por meio de programas de educação parental, mais cedo exercerão uma educação respeitosa e melhor será o proveito para a criança e o adolescente em termos de desenvolvimento da autonomia e de uma sexualidade saudável. Esse sim, o melhor fator de prevenção do abuso e exploração sexual.

Referências

BRASIL. Ministério da Educação. Base Nacional Comum Curricular. Brasília, 2018.

BRASIL. Ministério da Saúde. Secretaria de Políticas de Saúde. Violência intrafamiliar: orientações para práticas em serviço. Brasília, 2001.

FERREIRA, H. M. *A geração do quarto: quando crianças e adolescentes nos ensinam a amar*. Rio de Janeiro: Record, 2022.

FÓRUM BRASILEIRO DE SEGURANÇA PÚBLICA. Violência contra meninas e mulheres no 1º semestre de 2022. Disponível em: <https://forumseguranca.org.br/wp-content/uploads/2022/12/violencia-contra-meninas-mulheres-2022-1sem.pdf?v=v2>. Acesso em: 4 jun. de 2023.

HOHENDORFF, J. V.; HABIGZANG, L. F.; KOLLER, S. H. *Violência sexual contra meninos*. Curitiba: Juruá, 2014.

MACANA, E. C.; COMIM, F. O papel das práticas e estilos parentais no desenvolvimento da primeira infância. In: PLUCIENNIK, G. A. *et.al.* (org.) *Fundamentos da família como promotora do desenvolvimento infantil: parentalidade em foco*. São Paulo: Fundação Maria Cecília Souto Vidigal, 2015, pp. 34-47.

MONTESSORI, M. *O segredo da infância*. Campinas: CEDET – Kírion, 2019.

SANTOS, B. R. *Guia de referência: construindo uma cultura de prevenção à violência sexual*. São Paulo: Childhood – Instituto WCF-Brasil, Prefeitura da Cidade de São Paulo, Secretaria de Educação, 2009. Disponível em: <https://www.childhood.org.br/guia-de-referencia/>. Acesso em: 4 jun. de 2023.

SOUZA, H. P. *Orientação sexual: conscientização, necessidade e realidade*. 6. ed. Curitiba: Juruá, 2010.

TIC KIDS ONLINE BRASIL. 2021. Disponível em: <https://cetic.br/pt/pesquisa/kids-online/>. Acesso em: 10 out. de 2023.

WILLIAMS, L. C. A.; PRIOLO-FILHO, S. R. Vitimização infantojuvenil na internet: novas tecnologias, velhos problemas. *In*: WILLIAMS, L. C. A *et al.* (org.) *Aspectos psicológicos da violência: uma abordagem teórico-conceitual, vol.1, 2019, pp. 75-86.*. Curitiba: Juruá.

10

UM ESTILO DE VIDA
A PARENTALIDADE CONSCIENTE

Desaprender para aprender, quebrar o ciclo de gerações que achavam que criança tinha que escutar, abaixar a cabeça e obedecer, ou aperfeiçoar e acrescentar conhecimento novo a uma educação que já caminhava para uma maneira mais respeitosa e humanizada. Entender que as crianças já são pessoas com sentimentos, necessidades e precisam ser respeitadas. Plantar e cultivar a semente para um futuro melhor.

MARION MARCOTTE

Marion Marcotte

Pedagoga formada pela Universidade de São Paulo (USP). Atualmente, cursando pós-graduação em Educação Parental e Inteligência Emocional. Facilitadora certificada internacionalmente em Parentalidade Consciente, assim como educadora parental em disciplina positiva. Finalizando o curso de *Coaching* Parental e Educação Neuroconsciente. Tem mais de 13 anos de experiência nacional e internacional com crianças e famílias típicas e atípicas dentro e fora do ambiente escolar. Atua como educadora parental, consultora de babás nos Estados Unidos e faz parte de um projeto social de língua de herança para filhos de imigrantes brasileiros, chamado Mico Sapeca.

Contatos
www.marionmarcotte.com
marionmarcotte22@gmail.com
Instagram: @marimarcotte
+1 720 589 5869

Vivemos em uma sociedade em que tudo é 8 ou 80. Ou isso ou aquilo; sempre nos extremos. Com isso, há uma dificuldade muito grande de se encontrar, se encaixar, de aceitação e de falar "tudo bem se eu ficar no meio-termo". Isso não significa estar no meio do caminho, e sim aproveitar o melhor dos dois mundos e ressignificar para a sua realidade.

É muito bonito quando nos conhecemos o suficiente para nos tornarmos responsáveis pelos nossos sentimentos, atitudes e decisões. Por outro lado, não é uma tarefa fácil e longe de obstáculos; é um trabalho árduo e diário explicar com propriedade porque decidiu esse caminho diferente e não os dois que todos fazem. Uma frase dita por Albert Einstein que gosto muito é: "Insanidade é continuar fazendo sempre a mesma coisa e esperar resultados diferentes". Essa frase nos passa a ideia de que, para termos resultados melhores e diferentes, precisamos agir diferente. Por conta disso, quero apresentar, brevemente, o que é e o que não é parentalidade consciente. Já adianto logo que parentalidade consciente não é ser permissivo, é um estilo de vida, é mais do que fazer apenas com os filhos, é fazer com todos a sua volta.

Desaprender para aprender, é preciso se conhecer nos mínimos detalhes para começar a mudança. Não podemos falar em amor, respeito e esperança se estamos carregando raiva, angústia e amargura dentro de nós, não tem como. Se pensarmos em um copo, não podemos beber suco se o copo estiver cheio de água.

> Embora não tenhamos controle sobre a mudança externa, temos algum tipo de controle sobre a mudança interna e, a partir desta, podemos influenciar a mudança externa ou aprender a conviver com a mesma.
> (OVÉN; VIEIRA, P. 2022)

A parentalidade consciente é uma maneira de nos relacionarmos com as pessoas baseada no igual valor e no respeito pela integridade – as emoções e opiniões da criança têm tanto valor como as do adulto, e todos merecem ver a sua integridade física e psicológica respeitada. Em uma relação consciente com crianças, o adulto pode ser considerado o líder da relação, mas não tem o poder de demandar e desrespeitar a criança.

É um estilo de parentalidade que estimula a autenticidade e a vulnerabilidade: aceitamos que não somos perfeitos (o objetivo da parentalidade consciente não é ser um pai perfeito, nem ter filhos perfeitos), aceitamos que vamos dar o nosso melhor, falhar às vezes e pedir desculpa sem medo de perder a "autoridade". O fato das crianças aprenderem com os exemplos dos pais torna a parentalidade consciente eficaz e imprescindível. Pedir desculpas por nossos erros mostra nossa vulnerabilidade, ensina essa criança que não precisamos estar sempre certos, que tudo bem cometer erros e que pedir desculpa e reconhecer o erro faz parte do processo. É um estilo de vida no qual a gente se respeita e respeita o outro. Criamos conexões, estamos presentes e nos comunicamos, identificando, assim, as necessidades e criando uma harmonia. A gente cria conexão, está presente e se comunica. Identificamos as nossas necessidades, a do outro e criamos uma harmonia.

Entender que todos os sentimentos importam, se responsabilizar por eles e comunicá-los de maneira clara é uma ferramenta importantíssima nos relacionamentos, tanto intrapessoal como qualquer outro tipo de relacionamento (profissional, amoroso, familiar, pessoal etc). Muito se escuta sobre a técnica e como falar de maneira não violenta, mas quando aprendemos o que está por trás disso, a conversa fica muito mais natural e o processo mais consciente, criando, assim, uma conexão. Observar e escutar, perceber, entender e se responsabilizar pelos próprios sentimentos e necessidades, fazer um pedido ou uma sugestão, tudo isso faz com que sejamos vistos, escutados e entendidos.

Algo muito importante na trajetória de educar, de ser mãe e pai, é conhecer e estudar como o cérebro dos nossos pequenos funciona e como podemos ter ações para que esse desenvolvimento seja mais benéfico e eficaz. Entender que os acontecimentos nos primeiros anos de vida podem deixar marcas muito mais profundas do que com crianças mais velhas. Ressignifica todo o trabalho do facilitador parental. O simples fato de mudar como nos comunicamos, perguntamos, escutamos e falamos com as pessoas pode fazer toda a diferença no desenvolvimento humano.

A Comunicação tem um ponto extremamente importante nas nossas relações com as outras pessoas. Muitas vezes, o que falamos tem muito mais poder do que como agimos e vice-versa. Entender que nossas palavras têm poder, nossas intenções afetam o próximo e, claro, nossas ações podem deixar marcas positivas e negativas nos pequenos é algo que precisa ser falado várias e várias vezes. Vivemos em um mundo cercado de tecnologias e distrações externas que podem afetar o desenvolvimento infantil. A falta de conexão nos relacionamentos com as crianças é um assunto que deve ser abordado. Entender o cérebro do andar de cima e do andar de baixo, assim como o cérebro na palma da mão, pode ajudar muito no processo diário de educar filhos.

Se pensarmos no cérebro como uma casa, a construção começa da base, de baixo. Não adianta colocarmos o telhado sem ter o chão e as paredes. Isso significa que o cérebro do andar de baixo está formado desde o nascimento, é responsável por respirar, lutar, fugir, por nossa sobrevivência e nossas emoções, como a raiva e o medo. Já o cérebro do andar de cima, vai sendo construído durante a vida e só é finalizado depois dos 20 anos de idade, e esse é responsável pelos pensamentos, planejamentos, imaginação, é a nossa parte racional do cérebro.

Agora, podemos pensar na nossa mão para entender o conceito do cérebro na palma da mão. O pulso é a representação da medula espinhal (1), que se conecta com o tronco encefálico (2) e ao sistema límbico (3), cérebro do andar de baixo. O córtex cerebral e o córtex pré-frontal (4 e 5) formam o cérebro do andar de cima.

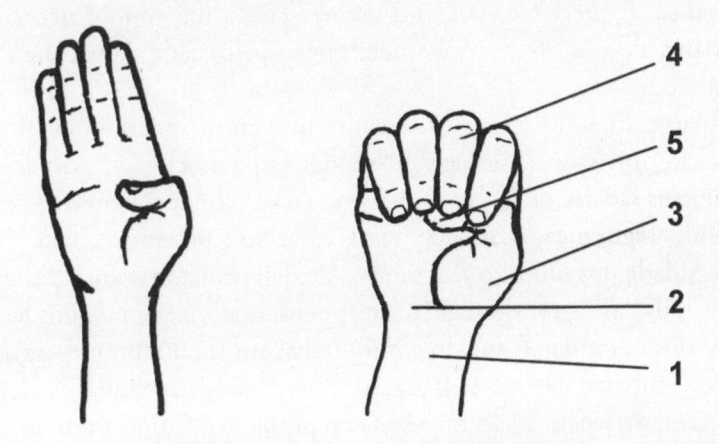

Com isso, Daniel Siegel traz o conceito do cérebro na palma da mão, uma ferramenta que podemos utilizar com as crianças para a regulação das emoções. Quando as coisas estão ocorrendo bem, nosso cérebro está em sintonia, mas quando algo acontece que nos desestabiliza, essa ferramenta pode nos ajudar.

Um exemplo de uma situação cotidiana, a criança quer fazer alguma coisa e a mãe fala "não, não pode". Principalmente com crianças pequenas, isso pode incomodar, de maneira que o cérebro do andar de cima, responsável pelo racional, se abre, explode e o cérebro do andar de baixo reage a essa fala, o emocional toma conta e a criança perde o controle. Esse é o momento que podemos fazer o exercício com a criança. Podemos levantar as nossas mãos e fechar os dedos calmamente contando até dez, respirando fundo e raciocinando o que aconteceu. Lembre-se, você é o adulto da situação e é quem pode conduzir uma conversa de maneira consciente, falando sobre os sentimentos e emoções vividas.

Essa ferramenta pode ser ensinada às crianças desde muito cedo, uma maneira de visualizar o que está acontecendo no nosso cérebro quando as coisas fogem do controle - a mão está aberta (como na imagem) e vamos fechando e nos acalmando para raciocinar antes de reagir.

Ser um educador, mãe, pai ou facilitador consciente não significa saber tudo e ser perfeito sempre. Na verdade, é muito pelo contrário, significa buscar informações adequadas, ser vulnerável e entender que estamos aqui para deixar um legado que seja benéfico para o mundo.

Entender nossas necessidades, emoções e sentimentos enquanto adultos é tão importante quanto entender as necessidades, emoções e sentimentos da criança. É preciso entender a criança como um todo e não como um ser abaixo de nós; as crianças merecem respeito tanto quanto os adultos, elas já são pessoas.

Afinal, o que são essas necessidades que tanto se fala hoje? As necessidades são universais: fisiológicas, biológicas e emocionais. As necessidades emocionais são divididas entre importância e reconhecimento, experiência e novidade, segurança e conhecimento, conexão e pertença. Saber identificar a necessidade dos filhos, o real motivo de determinado comportamento, vai mudar todas as regras do jogo. Vamos pensar na imagem de um iceberg. O que vemos é um determinado comportamento (ponta do iceberg), mas escondido embaixo da água tem alguma necessidade não atendida. A correção desse comportamento não vai resolver o problema. Colocar um um curativo sobre a ferida não significa que aquele mal está realmente tratado. Temos que olhar atenciosamente aquilo que está realmente acontecendo com a criança ou adolescente. No livro *Educar com mindfulness,* de Mikaela Oven, ela diz:

> Ao invés de corrigir o comportamento, descubra a causa. Se identificar as necessidades-base do seu filho, conseguirá atuar de uma forma realmente proativa. Pode evitar certos ambientes, situações, comportamentos e manter com ele uma relação que satisfaça melhor as necessidades de ambos!

Convido você para pensar agora em uma ideia bem difundida, "plantar a sementinha". Concordo que precisamos plantar e cultivar essas sementes nas famílias, mas quando se trata de crianças, adolescentes e autoestima, essa sementinha já está plantada, mas, para que ela germine, cresça e floresça, precisamos cultivá-la diariamente para uma autoestima forte e confiante. Uma autoestima saudável permite que a criança ou adolescente reconheça seu valor, acredite em si mesmo e demonstre respeito.

E se eu disser a você que autoestima e comportamento têm uma relação direta? Pois é. Mikaela Oven reforça em seu livro.

> É uma fórmula bem simples. Quanto melhor me sinto, melhor me comporto. Quanto pior me sinto, pior me comporto. Se não me sentir bem, como vou ter força para portar-me bem?
> (OVEN, 2015)

A parte mais difícil e mais gratificante da parentalidade consciente é estar presente 100% quando está com seu filho, o famoso tempo de qualidade – que não é apenas ficar ao lado dos filhos. E como a base da parentalidade consciente é o *mindfulness*, não poderia deixar de citar sete atitudes do *mindfulness*, que são elas: o não julgamento, a paciência, a mente de principiante (olhar para as coisas como se fosse a primeira vez), confiança, não esforço (fazer consciente e para o agora), aceitação e deixar estar/ir. Essas sete atitudes devem ser praticadas diariamente, não necessariamente todas nem nessa ordem, "mas o que tenho descoberto é que estas atitudes, e esta ordem em particular, libertam muito sofrimento, estresse e ansiedade" (OVEN, 2015).

Pais, geralmente, reportam mais calma, mais presença e melhor relação com os filhos e filhas depois de passarem por treinamento e programas de parentalidade consciente. Passam a entender melhor os próprios sentimentos e momentos.

A presença, a confiança, a aceitação, o reconhecimento e o amor incondicional são a base do educar com *mindfulness*. Estar presente com os cinco sentidos nos momentos da nossa vida, sejam eles agradáveis ou não, é algo muito difícil de fazer hoje se pensarmos na correria do dia a dia, na tecnologia e em todo o estresse diário. Estar presente nos ajuda a perceber, entender e compreender melhor o que está acontecendo aqui e agora. Aceitar a si mesmo e ao outro, o interno e o externo, aceitar as coisas e os fatos como eles são, sem contestar ou querer modificar.

Reconhecimento não é elogiar o tempo todo, não é elogio por elogio. Reconhecimento é uma alternativa ao elogio. Quando há reconhecimento, adicionamos valor à vida do outro, e estamos de fato enxergando o interno do outro. Um exemplo, na prática, é quando falamos: "Eu vejo que está se esforçando para melhorar sua performance", "Eu gosto muito de ver você brincando com seu irmão, me parece que estão se divertindo". Diferente do elogio, que cria uma dependência da aprovação externa e há adjetivos ligados ao comportamento ou a uma produção da criança.

O amor incondicional é aceitar seu filho do jeitinho que veio ao mundo; é respeitar, ver, ouvir e reconhecer. Entender que todos temos igual valor e que ninguém é melhor que ninguém nessa relação. Acredito que todos ou, pelo menos, quase todos os pais amam seus filhos incondicionalmente, mas ainda não demonstram esse amor por meio de comportamentos e comunicação consciente. Muitas das atitudes dos pais e mães aparecem como ameaças, castigos e manipulação; comunicam a criança que esse amor é condicional e passam a mensagem de que "meus pais só me amam quando eu faço o que eles querem".

Não existe uma fórmula mágica e perfeita que nos diz "faça isso que vai dar certo", mas como diz Isa Minatel: "É preciso estudar para ser pai e mãe". Precisamos, enquanto facilitadores parentais, acolher essas famílias e mostrar que existe um caminho em que o respeito prevalece, o estar presente (aqui e agora) e o amor incondicional.

Eu sou o resultado de uma parentalidade consciente. Mesmo sem muitas informações, minha mãe sempre teve uma comunicação clara, um respeito enorme, uma parceria em que podíamos aprender juntas, uma com a outra. Confie no processo, confie nos seus filhos e acredite, porque podemos ser ativistas para um mundo melhor.

Referências

GOUVEIA, M. J.; CARONA, C.; CANAVARRO, M. C. *et al.* Self-Compassion and Dispositional Mindfulness Are Associated with Parenting Styles and Parenting Stress: the Mediating Role of Mindful Parenting. *Mindfulness* 7, 700–712 (2016). Disponível em: <https://doi.org/10.1007/s12671-016-0507-y>. Acesso em:10 out. de 2023.

ÖVÉN, M. *Educar com mindfulness: guia de parentalidade consciente para pais e educadores.* Porto: Porto Editora, 2015.

ÖVÉN, M., VIERA, P. *Inspiração para uma vida mágica.* Porto: Albatroz, 2022.

11

MEU FILHO TEM UMA DOENÇA CRÔNICA, E AGORA?

Neste capítulo, você vai conhecer a história de Benito, que adoeceu aos três anos de idade, e como a sua família aprendeu a lidar com a doença. Vou discorrer sobre como a doença impacta a família, como pais e mães podem enfrentá-la e ajudar seus filhos a lidarem com ela.

MIRIAM V. FLOR PARK

Miriam V. Flor Park

Miriam é esposa do Marcelo e mãe de duas pessoas que a inspiram, a cada dia, para o amor, o respeito e a conexão. É médica pediatra e educadora parental, certificada pela Positive Discipline Association. É doutora em Ciências pela FMUSP, pesquisadora na área de anemia falciforme, professora, palestrante e escritora. Já escreveu capítulos e organizou livros de oncologia e de hematologia para pediatras. Recentemente lançou, em coautoria, o livro infantil *Marisa na nova escola, tudo novo toda hora* (Literare kids), o primeiro da série Turma PositivaMente. Trabalha com famílias de crianças saudáveis e doentes há 27 anos, exercendo a pediatria e a hematologia pediátrica. Recentemente, vem agregando o estudo da parentalidade ao seu trabalho pessoal e de orientação a médicos residentes. Atualmente, além do seu trabalho como médica e pesquisadora, realiza palestras, oficinas e mentorias para pais, também produz conteúdo educacional na internet sobre relacionamento entre pais e filhos.

Contatos
www.meufilhomeutesouro.com
parkmiriam0@gmail.com
Facebook: Miriam Park, Meu filho meu tesouro
Instagram: @miriamparkpediatra
@meu_filho_meu_tesouro
11 99947 2222

Milene acordou às 5 da manhã quando ouviu um barulho no quarto dos filhos. Parecia choro, ou talvez um gemido, mas Benito ainda estava na cama. Quando acendeu a luz, ela viu que havia sangue no travesseiro. Olhou para o filho de três anos e notou que o sangue ainda escorria do nariz. O menino tentou sentar-se na cama, mas não conseguiu, tombando de lado, e soltou um "mamãe" com a voz embargada. O ronco do pai indicava que ainda não estava na hora dele acordar. Gabriela logo se levantou e foi buscar uma toalha para o irmão no banheiro.

— Toma, mamãe, para limpar o nariz.

Vendo seu bebê desfalecido, pálido, ensanguentado, com os olhos semicerrados, parecia que poucos minutos viraram algumas horas, e um turbilhão de pensamentos caiu sobre a sua cabeça. Hospital, carro, chaves, doutora Márcia, pediatra, ligar para meu supervisor, carteirinha do plano de saúde, leucemia, mamãe, quem vai cuidar do cachorro, casaco, documentos... Como em geral acontece com as mulheres, Milene planejou tudo que tinha que fazer antes mesmo que o marido pudesse sair da cama. Levaram Gabriela para a casa da avó, e a jornada do Benito estava só começando.

A internação durou longas três semanas, em decorrência de uma doença que Milene nunca tinha ouvido falar – a síndrome de Evans, que é uma anemia hemolítica com plaquetopenia.

— Não é leucemia, mamãe, e parece que tiraram um peso das minhas costas, mas acho que é outra coisa. Ele vai ter que ficar internado mais tempo, e demora para melhorar. Por favor, preciso que você veja com o Edson as coisas da escola da Gabi, e cuide do Sansão, acho que acabou a ração dele.

Milene precisava organizar a vida da sua família fora do hospital para poder cuidar do pequeno Benito, sua prioridade absoluta nesse momento.

A doença de um filho tem um impacto grande na vida de uma família. Para enfrentar uma doença crônica, é preciso encontrar recursos para aprender a viver com ela e enfrentá-la. A família e a equipe cuidadora são peças fundamentais para aliviar o sofrimento da criança doente, mas precisam de instrumentos para essa ajuda. Além disso, todos os envolvidos precisam de apoio e acolhimento para enfrentar os momentos mais difíceis.

Neste capítulo, vou falar sobre como a doença de um filho pode ser impactante dentro da família, como podemos enfrentá-la e o que fazer para ajudar nosso filho a enfrentar a sua doença e conviver com ela. Este texto foi escrito para aqueles que têm doenças físicas, de curso crônico, a dinâmica da família é alterada, a criança passa por tratamentos e procedimentos que a retiram de sua rotina habitual, seja por um determinado período, seja por toda a vida da criança. A história da família de Milene e Benito é real, mas modifiquei os nomes e alguns detalhes para preservar as identidades.

Muitas perguntas vão ficar sem respostas por causa do espaço limitado, mas estas linhas são a minha mensagem para você, pai e mãe, que tem um filho doente, e estão baseadas nos meus estudos e na convivência com famílias e seus filhos doentes, quando aprendi com suas dúvidas e respostas, dores e sofrimentos; e como cada um enfrenta a doença à sua maneira. Aprendi muito com pessoas e famílias de todos os tipos, ajustadas ou disfuncionais, algumas com pouca instrução formal cuja simplicidade e sabedoria me ensinaram que o enfrentamento da doença pode ser gentil e efetivo. E vi como se pode cuidar de um filho doente com muito amor, união e coragem. Minha profunda gratidão a todas elas.

Como a doença do filho impacta a família

Uma doença é uma jornada. No começo dela, o aparecimento dos primeiros sintomas leva aos questionamentos: será que é grave? É leucemia? Precisa mesmo ficar internado? Vamos fazer mais exames! E com eles vêm as dúvidas, a incerteza e o medo. Medo da morte, do sofrimento, do desconhecido, de sair da zona de conforto, da perda do equilíbrio.

O início da jornada traz os primeiros exames e procedimentos, catéter, medicamentos, cirurgias e uma lista de medicamentos para dar em casa, cada um em um horário diferente... Nossa, vou precisar de uma tabela! Ganhei de brinde uma série de exames e de especialistas, e sou eu quem vou administrar essa agenda?

Isso mesmo. Milene se sentiu cansada mesmo antes de começar. Depois do primeiro dia no hospital, ela percebeu que ia ter que aprender a logística do cuidado para ajudar seu filho Benito. Um menino saudável, que só tinha recebido uma dúzia de vacinas na vida, estava prestes a enfrentar a estada no hospital, um ambiente hostil e frio, mesmo com pinturas de bichinhos na parede; e entrar em contato com uma linguagem que não estava acostumado: pegar veia (ou acesso venoso), saber quanto estão as plaquetas, onde pega a senha para ser atendido. Além disso, Benito ia ter que fazer xixi dentro do papagaio "para medir a diurese"; e Milene teria que convencê-lo a aceitar a comida sem sal.

Mesmo que a doença do seu filho não exija que ele fique internado, os exames, medicamentos e retornos sempre causam impacto na rotina, pois você vai ter que pensar que horas vai dar o remédio, se com água ou suco, o que fazer se ele cuspir, que dia vai ter que colher os exames. Vai ter que ajustar faltas e atrasos no trabalho, inclusive considerar pedir demissão ou trabalhar em casa.

Milene e o marido se organizaram, fizeram as contas, e como Benito teria muitas vindas ao hospital, mesmo após a alta, a mãe ficou com o encargo de cuidar e estar com ele. A irmã seria cuidada pelo pai e pela avó, enquanto a mãe estivesse ausente. Sem essa organização, não seria possível ser aderente ao tratamento.

Como pais e mães podem enfrentar a doença do filho

Inicialmente, os pais podem negar ou disfarçar o diagnóstico para si, para a família, ou para o filho. É chamado de "o pacto do silêncio". Mas isso não é saudável e não se sustenta, pode causar outros problemas – para si, seu filho ou para os outros – que não podem prever. Milene chamou a família para explicar o que estava acontecendo com Benito, assim como o médico havia lhe informado; e isso, depois do impacto inicial, se tornou um alívio para todos.

O diagnóstico é o começo do caminho. Mas conhecer o caminho não é suficiente. Assim como fazemos em uma viagem, temos que nos preparar, fazer a lista do que levar na bagagem, traçar um plano, uma rota. E nesse aspecto, conhecimento é primordial.

Aqui vou listar alguns aspectos fundamentais para ajudar pais e mães no enfrentamento da doença do filho:

- Confiar na equipe cuidadora. Se os pais observam e entendem que a equipe é capaz de diagnosticar, tratar e cuidar do filho, é preciso estabelecer um vínculo de transparência, verdade e confiança. Sem que esse vínculo seja fortalecido, é mais difícil trilhar essa jornada tão difícil.

Pais em construção

- Buscar informações confiáveis sobre a doença e seu tratamento na internet, na literatura médica, *websites* de hospitais e, principalmente, com o médico de confiança.
- Buscar e participar de grupos de apoio que sejam apoio de verdade e não causem mais pânico e dúvidas.
- Organizar a agenda da criança, com datas de exames, consultas, tratamentos. Pode ser um simples caderno, isso ajuda até a equipe médica.
- A comunicação é essencial para um bom resultado. Falar das suas necessidades, perguntar o que não sabe, organizar as ideias, ser objetivo, não entrar em brigas ou cultivar desavenças.
- Ter clareza sobre os sentimentos complexos, que aparecem e desaparecem, ou se misturam, são ambíguos, como a culpa, o medo, a vergonha, a rejeição, entre outros. É natural que apareçam. Pensamentos vêm e vão, mas é preciso dar a eles o seu real valor, acolher-se e buscar ajuda psicológica para lidar com eles, se necessário.
- Cultivar a espiritualidade. Se a família tem uma religião, essa pode ser uma importante fonte de apoio, alívio e conforto, principalmente nos momentos mais desafiadores.
- Não dar ouvidos e se afastar de pessoas tóxicas, controladoras ou narcisistas que podem se aproximar e colocar em dúvida o que os pais estão fazendo, mesmo que sejam da família. Deve-se, inclusive, afastar e rechaçar qualquer acusação de que a doença foi causada por um dos pais.
- Não alimentar sentimentos de perfeição e controle. Viver a imperfeição pode trazer sentimentos de falha, inadequação, fracasso, falta de previsibilidade. Mas é preciso reconhecer que somos humanos e não temos controle dos acontecimentos.
- Evitar querer sofrer no lugar do filho. É muito angustiante ver um filho sofrendo, mas trocar de lugar com ele não é possível, e a doença não desaparecerá. Acolher o filho, estar com ele, dar conforto e procurar ajuda para si mesmo é o caminho mais sustentável.
- Buscar uma rede de apoio. Mesmo em famílias com mais membros, é preciso se cercar de pessoas que estejam disponíveis para ajudar.
- Muitas mães estão sozinhas no cuidado do filho doente, ou porque o pai não colabora nas tarefas, ou porque ele está ausente. Elas precisam de ajuda. Se você é familiar ou amigo de uma mãe solo, considere estar à disposição para ajudá-la quando for preciso.
- Entender que nenhuma doença é um castigo pelo que se fez ou deixou de fazer, e que um filho é uma pessoa que veio para nos ensinar algo e não pode carregar a culpa ou a rejeição de ter herdado eventuais mutações genéticas – conhecidas ou não – que aquela família carrega.
- Prover cuidado, atenção e momentos especiais para os irmãos, que também estão em sofrimento e precisam de acolhimento.
- Cuidar de você, ter algum tempo para descanso e reflexão, autocuidado.

Miriam V. Flor Park

Como ajudar meu filho a enfrentar a doença

Benito tinha o direito de saber o que estava acontecendo. Então, os médicos e os pais conversaram com ele de maneira que pudesse entender e responderam as suas dúvidas com clareza e honestidade. Devemos informar o diagnóstico para a criança de acordo com a sua idade, com a sua compreensão, também o que vai ser feito, para que ela entenda e possa processar tudo que está vivendo.

Muitas crianças já ouviram que doenças, injeções ou procedimentos seriam oferecidos como ameaças de castigos, então, elas podem se sentir culpadas por estarem doentes. Isso prejudica quando de fato adoecem e elas têm que enfrentar os procedimentos dolorosos ou desagradáveis, além do distanciamento da família e do ambiente. Eu sugiro uma ampla campanha para pararmos de dizer para as crianças: "Fique quieto, senão você vai tomar injeção!", dentre outras ameaças vazias e cruéis.

O vínculo emocional que a criança deve ter com seus cuidadores de confiança tem os princípios básicos de amor, pertencimento e aceitação. Ela deve ser amada, independentemente se chora, tem dor, não quer comer, briga ou joga as coisas no chão porque está com raiva da situação. Ela deve se sentir pertencente àquele lugar, família, hospital, ambiente; e não se sentir alheia, separada. Não devemos privá-la do convívio, de amizades e relações de afeto nos ambientes em que frequenta. Ela deve se sentir aceita do jeito que ela é, mesmo não sendo guerreira, corajosa, forte, chorando, esperneando, reagindo e gritando; e não sendo boazinha ou fofinha. Algumas vezes os pacientes recebem esses rótulos e, a meu ver, isso pode estigmatizá-los, pois se perdem a batalha, são o quê? Perdedores? Foram fracos ou não lutaram o suficiente? Benito era um menino alegre, ativo, mas de repente se viu em um quarto de hospital, numa cama hospitalar, com acesso limitado a uma brinquedoteca. Ele sempre foi forte, corajoso, mas agora perdeu o seu rótulo; estava sendo chato, voltou a chorar como um bebê, perdeu o encanto. É justo que seja assim? Podemos mostrar aos profissionais da infância que as crianças tão somente estão reagindo da forma que conseguem e devemos ajudá-las, respeitá-las, validar seus sentimentos e acolhê-las.

Existe ainda o famoso "diploma da coragem" que a criança recebe se não chora para fazer os procedimentos. É claro que o objetivo do diploma é que a criança se sinta forte, vencedora, mas e se ela não conseguir? Sabemos que a criança não tem elementos para conseguir sozinha o enfrentamento de uma situação tão complexa. Se a criança não chora para pegar a veia, isso não é um mérito, mas pode ser um silenciamento, uma concordância para se sentir adequada, porém, mesmo sentindo medo, não está sendo respeitada e aceita. No momento dos procedimentos, os pais podem ajudar na corregulação da criança, por meio de acolhimento, abraço e presença. Eles podem dizer: "Eu estou aqui com você, eu sei que isso dói, mas eu vou ajudar você a aguentar mais um pouco, aperte firme a minha mão, vamos enfrentar isso juntos". Isso é mais real e sustentável emocionalmente para a criança do que um diploma, porque foi calada e impedida de se manifestar.

A criança é um ser único, além da sua doença, e viverá com ela, mas essa não a define. Deve-se olhar para a criança, acolhê-la, ouvi-la, deixar que ela se expresse e consiga se acalmar por meio da presença, abraço, calma e controle emocional. Não é justo comparar a criança com outra que tem a mesma doença ou está no leito ao lado, cada sofrimento é individual, não podemos afirmar que uma pessoa está sofrendo mais ou menos.

Todas as emoções devem ser permitidas e devemos ensinar o filho doente a lidar com elas. Tristeza, medo e raiva estarão muito presentes e precisam aparecer porque fazem parte da vida de uma criança, ainda mais no momento do adoecimento.

A mudança da imagem corporal, os sintomas e o desconforto constantes comprometem a energia das crianças e dos adolescentes. Devemos também ouvir seus descontentamentos e até revoltas para ajudá-los a lidarem com eles à sua maneira e no seu tempo.

Finalmente, amor, acolhimento, honestidade, respeito, disponibilidade e entendimento são aliados da criança doente no seu dia a dia. Prover oportunidades de conexão com quem faz bem, entrar no mundo da criança, fortalecendo o senso de aceitação e importância são extremamente valiosos no enfrentamento das dificuldades que se impõem. Inspirar e acreditar na criança, permitir que exerça a criatividade, com jogos, brincadeiras, leituras, música e dança, com certeza vão trazer alívio e conforto e prazer de viver, e vão prover qualidade de vida e vontade de estar vivo.

Aos educadores parentais, profissionais da infância e equipe cuidadora, eu sugiro que olhem para a criança doente como sua máxima prioridade e atendam às suas necessidades, também da família. Todas as intervenções são dirigidas a um ser humano que tem uma história de vida antes do adoecer, e que agora está enfrentando sofrimento, mudança de rotina, porém continua sua vida e seu desenvolvimento, que não pode ser interrompido. Que olhem para esse ser em sua integralidade, com amor e respeito acima de tudo.

Concluindo

Uma doença grave ou crônica é um desafio na vida de uma criança, adolescente e da família. Não podemos evitar que os nossos filhos adoeçam, que sofram um acidente, que necessitem de uma internação ou tratamento prolongado. Tampouco podemos evitar sofrimento, dores, medo ou raiva. Mas o que podemos fazer como pais, mães, educadores e cuidadores é estar perto, presentes, apoiando e cuidando, fornecendo intimidade emocional para permitir a recuperação plena ou, então, a convivência com essa doença da melhor forma possível.

Referências

BURTON, L. *The Family Life of Sick Children: A Study of Families Coping with Chronic Childhood Disease*. Londres: Routledge, 1975.

CHILDREN'S HOSPITAL COLORADO. *Parent Toolkit: Parenting a Child With a Chronic Illness*. Disponível em: <https://www.childrenscolorado.org/conditions-and-advice/parenting/parenting-articles/child-with-chronic-illness/>. Acesso em: 12 set. de 2023.

CONSOLINI, M. D. *Children with Chronic Health Conditions*. Disponível em: <https://www.msdmanuals.com/professional/pediatrics/caring-for-sick-children-and-their-families/children-with-chronic-health-conditions>. Acesso em: 27 abr. de 2023.

FIRSTFIVEYEARS. *Taking care of a seriously ill child*. Disponível em: <https://www.firstfiveyears.org.au/lifestyle/taking-care-of-a-seriously-ill-child>. Acesso em: 27 abr. de 2023.

NELSEN, J.; FOSTER, S.; RAPHAEL, A. *Disciplina positiva para crianças com deficiência*. Barueri: Manole, 2019.

NELSEN, J. *Disciplina Positiva*. Barueri: Manole, 2015.

RAYES, C. *Orientação familiar*. São Paulo: Literare Books International, 2022.

12

PSICOLOGIA INTERCULTURAL APLICADA À EDUCAÇÃO PARENTAL NO PROCESSO DE IMIGRAÇÃO E EXPATRIAÇÃO

Nem tudo são flores quando alguém decide mudar de país. Principalmente se há mais pessoas envolvidas: cônjuges e filhos. Você sabia que há uma área específica da psicologia que cuida e estuda exatamente isso? Unindo a psicologia intercultural e a educação parental, este capítulo traz informações e dicas para orientar e apoiar famílias de imigrantes e expatriados.

**REJANE VILLAS BOAS
TAVARES CORRÊA**

Rejane Villas Boas Tavares Corrêa

Desde o início da faculdade de Psicologia, o estudo de inteligência emocional foi o que a encantou. Dedicou-se aos estudos no tema desde 1995. Naquela época, já entendia a forma sistêmica de olhar o ser humano e se especializou em terapia sistêmica de casais e famílias. Em seguida, conduziu um trabalho focado em psicologia intercultural, preparando intercambistas e familiares durante o tempo de permanência no exterior. Percebendo que alguns pacientes adoeciam nesse processo, realizou uma especialização em psicologia da saúde e psicossomática. Buscando aprimorar sua comunicação interna e com o mundo, tornou-se *practitioner* em programação neurolinguística. Hoje, reside nos Estados Unidos e atua como psicoeducadora parental com certificação internacional em Disciplina Positiva pela PDA, Atuação Consciente e Comunicação Não Violenta. É membro e pesquisadora do grupo Prevenção ao Abuso Sexual (PAS) e pós-graduada em educação parental e inteligência emocional. Possui uma comunidade com mães sobre educação consciente, positiva e respeitosa e coordena uma comunidade de profissionais brasileiros que apoiam e orientam sobre os processos interculturais de imigrantes nos Estados Unidos. Atua, também, como colunista da revista *Mulher Brazil*. Escreveu, em coautoria, os livros *Habilidades socioemocionais: por que essas competências precisam ser desenvolvidas na primeira infância?*, *Educação consciente: criando com empatia*, *Intenção de mãe*, *Soft skills teens* e *Soft skills kids*. Coordena os livros *Pais em construção* e *Apanhei e não morri: frases da infância que ecoam na vida adulta*.

Contatos
rejanevbtc@gmail.com
Instagram: @rejanevb_psico
+1 689 253 0843

Rejane Villas Boas Tavares Corrêa

Antes de mais nada, quero explicar para vocês o que exatamente é essa área da Psicologia. Desde 2001, comecei a atuar cuidando de jovens que fariam programa de intercâmbio fora do Brasil. O objetivo era prepará-los para os desafios que poderiam enfrentar, oferecer informações sobre a cultura do país, apoiar os familiares que ficariam no Brasil e acompanhar todo o processo até a volta, garantindo a melhor experiência possível. Na época, não sabia o nome disso; então, eu utilizei o respaldo teórico de uma especialização que estava fazendo em terapia familiar. Percebi que entender o contexto familiar desses jovens mostrava muito a real intenção deles em passar um tempo fora de casa.

Essas reuniões e apoio oferecidos ajudavam bastante, principalmente no que antecipávamos como previsível. Mas quando voltavam, eles estavam emocionalmente abalados e alguns adoeciam. Isso muito me preocupou porque o que parecia ser o final de um ciclo bem-sucedido, era o início de uma crise existencial. Dependendo do ambiente familiar e da inteligência emocional (que era muito desenvolvida nesse período de expatriação), era a medida dessas consequências na vida deles.

Fui estudar mais a fundo essas questões dos sonhos, expectativas, frustrações, motivações inconscientes e, fazendo outra especialização em Psicologia da saúde e psicossomática, adentrei mais ainda esse campo para entender a relação do contexto familiar, inteligência emocional, adoecimento emocional ou físico e a interculturalidade.

Nesse mesmo período, encontrei outra profissional que já tinha até escrito um livro sobre isso e me deu de presente o nome do que eu fazia: Psicologia intercultural. Ah, que delícia! Pelo menos mais uma pessoa entendia a importância do que eu estava me propondo a fazer e que me disse que esse era um trabalho muito comum já na Europa e nos Estados Unidos, mas ainda iniciando no Brasil. Pois bem, adorei a ideia e continuei por muitos anos ainda com passageiros que faziam programas de intercâmbio e trabalho no exterior.

Viajei para conhecer novas culturas, entender costumes e dei treinamentos para outras agências de intercâmbio sobre como cuidar dos seus passageiros e suas famílias durante esse processo. Desde então, meu interesse e preocupação com esse tema de morar fora do país de origem só aumentaram.

Alguns anos se passaram e muitos estudos, pesquisas e novas informações surgiram. E eu também me renovei! Aqui vou trazer algumas coisas bem importantes sobre essas duas áreas que são minhas paixões e que podem esclarecer profissionais e famílias.

Psicologia intercultural é uma área da Psicologia que se concentra em estudar a influência que uma cultura tem sobre as pessoas que entram em contato com ela, como isso atinge o pensar e o agir dessas pessoas, abordando as diferenças e interações.

Educação Parental é uma área na qual os profissionais proporcionam conhecimento, recursos e apoio para ajudar pais a desenvolverem melhores laços e bem-estar na criança e na família.

Agora dito isso, vamos colocar a mão na massa.

Expectativas e realidade na imigração e expatriação

Antes de mais nada, vamos explicar a diferença desses termos. "Imigração é a entrada de indivíduo ou grupo de indivíduos estrangeiros em determinado país, para trabalhar e/ou para fixar residência, permanentemente ou não" (Oxford Language). Já a expatriação geralmente acontece quando a pessoa é enviada por uma empresa ou instituição por tempo determinado e vai voltar ao país de origem. Portanto, entende-se que as condições dessas pessoas mudam em quase todos os aspectos, já que os objetivos também são diferentes.

Sempre que acontece um processo de mudança de país, acontecem muitas mudanças na vida das pessoas. Por fora – casa, carro, cidade, rotina, hábitos, trabalho – e por dentro – sonhos, expectativas, medos, inseguranças. Muitas dessas mudanças já conseguimos dar nomes, mas algumas vamos descobrindo ao longo do processo.

Digo "vamos" porque eu sou uma dessas pessoas que está morando fora da terra natal e vivendo alguns perrengues no caminho. Sim, meus queridos, estudo muito, faço terapias, acompanho famílias e, mesmo assim, não fica fácil. Primeiro porque sou gente. Segundo que, mesmo conhecendo muito, influencio e sou influenciada pelos que me cercam. A vida não tem como ser estável e previsível em todos os aspectos. Sinto-me mais preparada e com mais conhecimento porque esse é o meu trabalho. Mas não me deixa imune a sentir (saudade, medo, tristeza, impotência, culpa, arrependimento, incertezas, dúvidas, solidão) e ao impacto do imprevisível.

É natural que todos tenham expectativas e uma ideia de que nem tudo são flores. Mas em toda minha experiência e, independentemente do que leva a pessoa a sair do país, geralmente tem muito mais expectativas de coisas boas do que informações reais sobre o país para o qual está indo. Dentre as mais comuns estão o ganhar mais dinheiro, ter mais qualidade de vida, realizar sonhos, ter uma vida melhor e ficar longe dos problemas. Só não se atentam que muitos dos problemas vão junto na bagagem.

A grande questão é que a maioria das pessoas se mudam com poucas informações sobre a nova cultura e vão totalmente despreparadas emocionalmente. Pouquíssimas pessoas tiveram em sua vida uma boa educação socioemocional, com a qual aprenderam a lidar com suas demandas internas, com o relacionamento e a convivência com outras pessoas. Então, baseado em meia dúzia de palavras, acreditam que vai dar tudo certo.

Infelizmente, a falta de conhecimentos reais sobre a cultura, costumes, leis, ambiente escolar, sistema de saúde e documentação podem ser verdadeiros agravantes na adaptação. Nos Estados Unidos, por exemplo, as pessoas acreditam que é muito fácil arrumar emprego já que é um país de primeiro mundo, paga por hora e tudo funciona. São fatos. Quase inquestionáveis. Digo "quase" porque, assim como qualquer lugar do mundo, têm coisas que não funcionam tão bem como as pessoas pensam.

O sistema de saúde nos EUA, por exemplo, é bem diferente do que no Brasil e sempre é preciso pagar por atendimentos. A maioria das pessoas não sabe disso e, muitas vezes, passa por situações muito delicadas por esse desconhecimento. A conta, literalmente, vem cara! Cito esse fato porque vejo que, por conta do estresse causado pela mudança, elas podem adoecer mais. Fisiologicamente falando, quando estamos com nosso sistema de alerta ligado (luta/fuga/submissão/congelamento), nosso corpo fica "mais preocupado" em cuidar da nossa sobrevivência produzindo mais cortisol e adrenalina nos preparando para os embates. Com isso, o sistema imunológico fica prejudicado, já que essas substâncias citadas são grandes imunossupressoras. Portanto, sim, há uma explicação para a frase "muito estresse causa doenças".

Mas claro que nem sempre a doença aparece de forma física e assim tão óbvia. Há o adoecimento emocional e, em vários países, hoje está sendo validado com nomes populares. Os diagnósticos de crianças com quadros de ansiedade, depressão, distúrbios alimentares, do sono, de comportamentos desafiadores são inúmeros. Bem como dos adultos. Mais que uma moda, vejo que, cada dia mais, a desconexão entre pais e filhos nos mostra esse resultado. E no processo de imigração e expatriação, não é diferente. Até porque muitas pessoas quando se mudam é em busca de novas oportunidades de emprego e dinheiro, o que faz com que elas trabalhem cada vez mais, não olhando muito para a sua saúde e dos que estão a sua volta.

A realidade dessa nova fase de vida pode ser muito boa. Mas não há dúvidas que, assim como todas as mudanças nas nossas vidas, precisa de tempo, informação, cuidado e autocuidado.

Como o educador parental pode apoiar famílias na preparação?

Quando uma família nos procura para orientá-la no processo da mudança, já devemos começar o trabalho fazendo um levantamento sobre a saúde emocional dela. Claro que, em véspera de mudança, não dá para achar que todos estarão dentro das suas faculdades normais. O que estou dizendo é que precisamos observar qual o estado emocional atual e levantar um histórico de como elas costumam lidar com suas emoções. Em suma: como a inteligência emocional é vivenciada nesse lar. Partindo do princípio que somos analfabetos emocionais, que o impacto da imigração é grande e que a orientação socioemocional é a base desses atendimentos.

Algumas questões para se observar e trabalhar nesse contexto:

- Quais as razões para essa mudança que vai acontecer?
- Quanto tempo antes do embarque acontece essa orientação?
- O que a família já sabe sobre o lugar para que está indo?
- Quais as expectativas de cada membro da família?
- Qual a motivação de cada um para essa mudança?
- De que forma eles poderão se apoiar durante a adaptação?
- Há alguma rede de apoio já conhecida por lá? Em caso positivo, como é a relação com essas pessoas? Em caso negativo, como pretendem construir essa rede?
- O que estão dispostos a flexibilizar em prol da saúde emocional dos membros da família?
- Em caso desse plano falhar, qual seria o plano B? C?

Essas são somente algumas das observações que devem ser feitas, visto que se a família já nos procurou para essa orientação é porque também consegue entender a importância desse suporte. Esse cenário é ideal, obviamente. Mas bem raro de acontecer. O que vemos mais são pessoas que pegam informações de amigos, internet, blogueiras e decidem imigrar. E sem as informações corretas, conhecimento do território e preparo emocional, as chances de frustrações são muito maiores.

Como apoiar quando já migrou?

Como eu disse há pouco, há muitas questões emocionais que vêm à tona durante a carga de estresse que mudanças causam na vida de uma pessoa. Em qualquer contexto, o corpo e a mente precisam de um tempo para se adaptar. Mas será que isso é possível para os adultos que chegam a um país novo, já com contas para pagar e uma nova vida para começar? E as crianças que precisam imediatamente ir para a escola justamente para que esses pais possam se colocar profissionalmente?

Já respondo que não! Não dá muito para pensar nisso porque as coisas acontecem muito rápido quando se muda de país. Então, muito sofrimento também pode acontecer. Dizem por aí que crianças se acostumam rápido e que não precisam de muito nessa nova vida. Ledo engano. Ouso afirmar que elas têm pouco espaço para manifestar suas emoções e dores. E, na maioria das vezes, pouco conhecimento para fazer isso em outra língua. Daí que muitos problemas começam.

Chegar a um lugar estranho, sem conhecer ninguém, com pouquíssima informação sobre o funcionamento das regras e ainda sem conseguir se expressar adequadamente pela deficiência na língua é realmente algo avassalador em um ser com tão pouca experiência de vida. Para o adulto já é, mas ele tira de letra, muitas vezes arrumando formas de se anestesiar (comendo, bebendo, se medicando) ou fugir (jogos, telas, compras, mais trabalho). Mas e a criança?

A criança também. Mas logo é diagnosticada com algum tipo de transtorno: TDAH (Transtorno de Déficit de Atenção e Hiperatividade) e TOD (Transtorno Opositor Desafiador) são os mais comuns. Assim uma grande instituição, como a escola, por exemplo, assim decide. Se ela está inquieta na escola, com medo desse ambiente, preocupada em não ser aceita, não consegue focar atenção, sem saber o que estão falando dela, isso pode deixá-la ansiosa, certo? Claro que sim! E naturalmente que sim! Isso não significa um transtorno ou diagnóstico. Mas, sim, comportamentos que ela consegue manifestar de algo que está fervendo dentro dela. Percebem que um apoio emocional, acolhimento familiar, validação dos seus sentimentos podem ser bastante útil?

E se o adolescente não compreende bem as regras e informações desse novo lugar, se muda completamente contrariado, deixando seus sonhos e amigos para trás, com toda a intensidade dessa fase e ainda querendo se opor aos pais justamente por conta dessa dor? Talvez seja rotulado com algum problema de "rebeldia" ou opositor/desafiador. Mais um caso que aumentando a conexão, se aproximando, validando emoções e buscando juntos novas alternativas pode melhorar e trazer mais saúde emocional a esse jovem.

Nosso foco aqui é o cuidado parental/familiar. E como ficar bem se os filhos não estão bem? Entender que toda mudança leva tempo para acontecer, a adaptação interna demora, mesmo que seja uma grande possibilidade e uma vida melhor que essa família está esperando. São histórias, sonhos, pessoas, rotinas deixadas para trás no momento em que entram no avião. Mesmo que a oportunidade seja ótima, há muitas variáveis que não temos controle.

Orientar na construção de uma rede de apoio, possibilitar educação socioemocional, restabelecer as relações familiares, ajudar na elaboração das rotinas, oferecer ideias para programas familiares podem ser de grande valia. Os membros da família precisam poder contar uns com os outros nesse processo para que se fortaleçam e desenvolvam resiliência. Já que a mudança aconteceu por uma causa nobre e para gerar possibilidades melhores a todos, que eles possam, juntos, se reconstruir para isso. E, muitas vezes, vai doer bastante antes de começarem novamente a sorrir e tirar o melhor dessa oportunidade.

13

PARENTALIDADE ATÍPICA
COMO PODEMOS ENTENDER E ACOLHER ESSA FAMÍLIA?

Viver, conhecer e escrever sobre a parentalidade atípica é como uma viagem para um lugar desconhecido. Essa vivência deixará marcas e memórias que você será grata por ter tido oportunidade de vivenciar. Não é um caminho suave, sem altos e baixos, mas é o caminho em que o amor incondicional vai prevalecer desde o primeiro momento. Então, o que será que precisamos entender para acolher essas famílias?

**VILMA CRISTINA F. D. LUZ E
MARION MARCOTTE**

Vilma Cristina F. D. Luz

Pedagoga, psicopedagoga, pós-graduada em Neurociência Pedagógica e em Educação Parental e Inteligência Emocional. Instrutora de *mindfulness* MBCT, instrutora de *mindfulness* para crianças e adolescentes ambos pelo Centro de Mindfulness-Access MBCT, certificação internacional. Cursando psicanálise no IBT psicanálise, educadora parental em disciplina positiva e formação *expert* pela Parent Coaching. Experiência de 36 anos como gestora educacional, atuando com famílias típicas e atípicas. CEO do Superart - Espaço terapêutico para crianças e adolescentes atípicos. Atuando como educadora parental para mães atípicas e instrutora de *mindfulness* para o público em geral.

Contatos
www.menteatenta.com.br
vilmaluzoficial@gmail.com
Instagram: @vilmaluzoficial
21 98894 4951

Marion Marcotte

Pedagoga formada pela Universidade de São Paulo (USP), atualmente cursando pós-graduação em Educação Parental e Inteligência Emocional. Facilitadora certificada internacionalmente em Parentalidade Consciente, assim como educadora parental em Disciplina Positiva. Finalizando o curso de Coaching Parental e Educação Neuroconsciente. Tem mais de 13 anos de experiência nacional e internacional com crianças e famílias típicas e atípicas dentro e fora do ambiente escolar. Atua como Educadora Parental, Consultora de babás nos Estados Unidos e faz parte de um projeto social de língua de herança para filhos de imigrantes brasileiros, chamado Mico Sapeca.

Contatos
www.marionmarcotte.com
marionmarcotte22@gmail.com
Instagram: @marimarcotte
+1 720 589 5869

Vilma Cristina F. D. Luz e Marion Marcotte

A parentalidade atípica é como um livro em branco, no qual os capítulos são escritos dia a dia. É como planejar uma viagem à Itália, escolher o roteiro, aprender o idioma e, de repente, desembarcar na Holanda que, apesar da sua beleza, você não sabe nada sobre ela, como diz o texto "Bem-vindo à Holanda", de Emily Perl Kingsley.

Teste de gravidez, frio na barriga e o resultado positivo. Primeira consulta médica e a gravidez é confirmadíssima. Nesse momento, a felicidade por vezes toma conta. Depois desse primeiro momento, muitas coisas podem acontecer e, neste capítulo, vamos explorar três cenários.

Em uma consulta médica, o inesperado, uma desconfiança do profissional sugere à mamãe realizar alguns exames extras, nos quais o diagnóstico confirmado poderá ser alguma má-formação, síndrome ou algo do gênero. O momento é de desespero, frustração e medo que preocupa os pais. Considerando a descoberta durante a gestação, eles têm mais tempo para entender melhor a respeito do caso de seu bebê, tempo para adaptação e estudo para educar e auxiliar esse bebê da melhor maneira possível.

Uma segunda situação para pensarmos: uma gravidez inteira sem nenhuma complicação, tudo conforme o planejado e esperado. Após o nascimento, a criança não está se desenvolvendo como esperado para a idade e a pediatra encaminha para avaliação de outros profissionais, como psicopedagogo, neurologista, fonoterapeuta, fisioterapeuta e terapeuta ocupacional, para entender melhor o que está acontecendo. E o tão temido diagnóstico se confirma; e com ele surge o medo, o desespero, o momento de luto e até mesmo um alívio por compreender melhor o que a criança tem, sendo possível exercer uma educação/acompanhamento adequado.

E ainda um terceiro cenário: durante o nascimento – ou até mesmo depois há uma complicação – alguma doença ou qualquer outra coisa leva a um diagnóstico e a vida mostra que muitas coisas precisam ser aprendidas novamente.

O que é considerado uma parentalidade atípica?

É a parentalidade na qual a mãe e o pai têm que cuidar e educar um filho com deficiência. Segunda a OMS (Organização Mundial da Saúde), "pessoas com deficiência são aquelas que têm impedimento de médio ou longo prazo de natureza física, mental, intelectual ou sensorial; o que, em interação com uma ou mais barreiras, pode obstruir sua participação plena e efetiva na sociedade em igualdade de condições com as demais pessoas".

Quais são as dificuldades da parentalidade atípica?

Uma das grandes dificuldades da parentalidade atípica é viver numa sociedade excludente e preconceituosa. Para Jung, dois conceitos explicam o preconceito: o inconsciente coletivo e as forças arquetípicas. O preconceito é arquetípico, uma espécie de herança ancestral, decorre de imagens primordiais, impressões gravadas pela repetição de reações subjetivas e têm por objetivo o instinto inconsciente de sobrevivência. Os arquétipos foram usados para expressar o inconsciente coletivo, formas de pensamentos universais ou imagens mentais que influenciam sentimentos e ações dos indivíduos que constituem a sociedade em que vivemos.

É imprescindível que pais e familiares possam se posicionar frente aos paradigmas e obstáculos que seus filhos terão que enfrentar e saber estabelecer um elo forte de afetividade nessa relação, mediante a deficiência, limitações e preconceitos.

Quando há o surgimento do "novo" e "inesperado" – que é a chegada de um filho com deficiência – há a "reflexão" em relação ao sentimento da família, superproteção ou rejeição. Esses sentimentos muitas vezes se misturam. Em resposta a essa problemática, o posicionamento da família dependerá de alguns fatores (negativos ou positivos) internos e externos relevantes para o desenvolvimento desse filho com deficiência e para as futuras relações sociais. A família é a base sólida, é essencial para o desenvolvimento e entendimento do filho com deficiência acerca do mundo, da sociedade e das relações afetivas. É a partir desse meio que a pessoa com deficiência se reconhece como tal e passa a adaptar-se às restrições que enfrentará no dia a dia junto à família.

Não é muito comum a família reagir com equilíbrio emocional à descoberta da deficiência do filho. Em geral, a chegada desse bebê torna-se um evento traumático e desestruturador, que interrompe o equilíbrio familiar. É preciso ter um preparo psicológico para tal, pois os pais costumam idealizar filhos saudáveis e perfeitos, "o filho ideal". Quando se deparam com a frustração, "o filho real", surge um sentimento em resposta a essa quebra de expectativa, que poderá ser uma rejeição/negação ou proteção/aceitação do filho com deficiência. Tendo como base o laço afetivo familiar é que as relações sociais vão sendo construídas e são percebidas como reflexo das conexões parentais. Em virtude dessas relações, é importante que a família saiba preparar potencial e psicologicamente o filho com deficiência para o possível preconceito e discriminação que terá que enfrentar na sociedade.

A parentalidade atípica e a estrutura familiar

Estudos mostram que a estrutura familiar e a dinâmica das relações psicológicas influenciam no desenvolvimento de um filho atípico.

- **Famílias rígidas** – são perfeccionistas, apresentam dificuldades em manejar as crises evolutivas desse filho.
- **Famílias permissivas** – nas quais o filho pode tudo, prejudicam também a aprendizagem.
- **Aglutinadas** – famílias que são muito voltadas para si, tendem a se isolar da sociedade e dificultar a individuação desse filho.
- **Família saudável** – oferece um espaço de apoio, compreensão e aceitação, pois a sua organização familiar garante a individualidade e a busca da autorrealização do filho atípico.

Portanto, é de suma importância que os pais cuidem da saúde mental, busquem ajuda terapêutica para saberem lidar com a dor. De acordo com o autor Russ Harris, em seu livro *Liberte-se*, o luto é uma reação emocional normal diante de uma perda significativa, a perda do "filho ideal" é uma dor, e seu nome é luto.

Segundo Russ Harris, a TAC (Teoria de Aceitação e Compromisso) ajuda o indivíduo a ter uma vida mais plena e significativa, enquanto lida de forma eficaz com a dor que é inevitável. Na TAC, em vez de tentar mudar, evitar ou livrar-se da dor, a meta é aceitá-la. Em uma analogia com a guerra, o primeiro cenário é como lutar por algo que não se pode vencer e que consome tempo e energia. O segundo cenário, a trégua, apesar de melhor, não é a verdadeira aceitação. No terceiro cenário, a paz é a verdadeira aceitação.

Aceitação não é desistir, se conformar, é abraçar a vida, é abertura para o presente real, é encontrar o ponto de apoio. Quanto mais se aceitar a realidade, maior será a eficácia na ação para mudá-la. Aceitação e ação, lado a lado. O cerne da filosofia da TAC aparece na *Oração da serenidade*:"Concedei-nos,

Senhor, a serenidade necessária para aceitar as coisas que não podemos modificar, coragem para modificar aquelas que podemos e sabedoria para distinguir uma das outras".

Muitas vezes, a própria família é o primeiro grupo social a enxergar a impotência e a incapacidade do familiar com deficiência, e reagir com negação a essa situação, tornando a pessoa com deficiência mais propensa e sensível aos obstáculos em relação aos preconceitos no dia a dia. Segundo os autores Renata Ferrarez e Ederaldo J. Lopes, as armadilhas do pensamento, que são as disfunções cognitivas, fazem os pais enxergarem por "lentes quebradas", que são verdadeiras fontes de sofrimento. É exatamente isso que acontece com os pais atípicos. Nas análises encharcadas de expectativas sobre o que pode acontecer, eles caem nas armadilhas emocionais e se deparam com um tudo ou nada, passam a catastrofizar a vida, aumentam os problemas e diminuem possibilidades e competências.

A negação é uma maneira de coibir os pensamentos estressantes e dolorosos. "Se eu não penso no problema, então, eu não sofro as consequências de ter que lidar com ele". No entanto, pais que vivem em negação podem sofrer muito e pagar um alto custo em termos de energia psíquica necessária para manter o estado de negação, acrescido do sentimento de culpa que carregam, dos sentimentos ambíguos, do enfrentamento em lidar com suas emoções e as de seus familiares.

O educador parental e o acolhimento das famílias atípicas

Muito pouco se fala e se pesquisa sobre a parentalidade atípica, um assunto que deveria ter muito mais visibilidade do que tem, não importa se é a nível brasileiro (nacional) ou internacional.

Enquanto educadores parentais, é preciso entender que as expectativas, necessidades e valores dessa família de uma ou mais crianças atípicas são completamente diferentes das expectativas, necessidades e valores de uma família que não tem uma criança atípica. Essa família precisa ser acolhida de outra forma e o atendimento é conduzido de maneira específica. Muitas vezes o importante é a criança estar simplesmente feliz, aceita e vista pela sociedade; ela não se importa se a criança vai aprender a ler, a escrever (pensando em síndromes raras ou casos de múltipla deficiência).

Um dado muito importante encontrado em uma pesquisa internacional sobre comportamentos de filhos e filhas no espectro autista aponta que o estilo parental da família pode influenciar diretamente no comportamento dos filhos (HIRSCHLER-GUTTENBERG, FELDMAN, OSTFELD-ETZION, LAOR, GOLAN, 2015).

O autoconhecimento é um poderoso aliado dos pais nesse processo, proporcionando mudanças de crenças, permitindo olhar para a vida sob um outro prisma. É possível cuidar de si ao mesmo tempo que se está atento aos sentimentos e às necessidades do filho atípico e dos outros membros da família. "A compaixão de si é tão central a nossa felicidade quanto a que nutrimos pelos outros", diz Thupten Jinpa. Segundo ele, a chave para a aceitação é a compaixão por si mesmo, permitindo uma chance de relativizar as questões ajudando a lidar com o sofrimento, dificuldades e fracassos de maneira mais construtiva, com compreensão e bondade.

De acordo com Mark Williams e Danny Penman, por meio das práticas de *mindfulness* (atenção plena) – que consiste em trazer a consciência para o momento presente –, é possível ver o problema de um ponto de vista distanciado, sem sofrer a interferência dos pensamentos, sentimentos e emoções. A meditação da atenção plena altera o funcionamento cerebral permitindo que áreas do cérebro associadas a emoções positivas – como felicidade, empatia e compaixão – tornem-se mais fortes. Com essa prática, a ansiedade, a infelicidade e o estresse começam a se dissolver trazendo sensação de bem-estar físico, mental e emocional, exatamente o que as famílias atípicas precisam para uma jornada parental mais leve.

Para refletir...

Acreditar que a pessoa com deficiência é capaz é o primeiro passo. Nessa jornada da maternidade atípica e na educação parental para famílias atípicas, entender que não importa se vai saber ler ou escrever, se vai dar um sorriso e ensinar as pessoas próximas o que é amor incondicional. Ela é capaz de algo e justamente isso é a grandiosidade na vida dela. Acolher a família atípica é um trabalho grandioso e recompensador. Esses pais precisam de colo, de apoio, serem vistos, escutados e, principalmente, cuidados. Dependendo de qual a deficiência que seu filho ou filha tem, eles não precisam de ferramentas, dicas ou entender como educar, precisam se encontrar, autoconhecer e entender que, além de mãe ou pai atípico, são pessoas capazes de escreverem as próprias histórias e alcançarem seus sonhos e objetivos.

A caminhada com julgamentos, pressões externas, falta de recursos, falta de pesquisas, falta de acesso também faz parte do mundo da parentalidade atípica, há uma desumanização muito grande ainda por parte de profissionais, escolas e rede de apoio dessas mães. Muito já foi conquistado, mas ainda tem muito a ser estudado e conquistado pela frente.

Referências

BATISTA, S.; FRANÇA, R. Família de pessoas com deficiência: desafios e superação. *Revista de divulgação técnico-científica do ICPG*. Vol. 3 n. 10 - jan.-jun./2007ISSN 1807-2836. Disponível em: <http://www.ebah.com.br/content/ABAAABPiYAG/familia-pessoas-com-deficiencias-desafios-superacao?part=2>. Acesso em: 22 jun. de 2023.

FIAMENGHI JR., G.; MESSA, A. Pais, filhos e deficiência: estudos sobre as relações familiares. *Psicologia: Ciência e Profissão*, 27(2), 236–245. Disponível em: <https://doi.org/10.1590/S1414-98932007000200006>. Acesso em: 22 jun. de 2023.

HIRSCHLER-GUTTENBERG, Y. *et al.* Self and Co-regulation of Anger and Fear in Preschoolers with Autism Spectrum Disorders: The role of maternal parenting style and temperament. *J Autism Dev Disord*, 2015.

JINPA, T. *Um coração sem medo*. Rio de Janeiro: Sextante, 2016.

JUNG, C. G. *A dinâmica do inconsciente*. 2. ed. Petrópolis: Vozes, 1991.

LOPES, R. F. F.; LOPES, E. J. *Conhecendo-se para educar: orientação cognitivo-comportamental para pais*. Novo Hamburgo: Sinopsys, 2015.

WILLIAMS, M.; PENMAN, D. *Atenção plena*. Rio de Janeiro: Sextante, 2015

ZWEIG, C.; ABRAMS, J. *Ao encontro da sombra: o potencial oculto do lado escuro da natureza humana*. São Paulo: Cultrix, 1994.

14

INTELIGÊNCIA EMOCIONAL E PARENTALIDADE

O aprofundamento sobre o vasto campo da inteligência emocional nos leva a explorar as especificidades do tema aplicado a cada área do conhecimento. Nossa abordagem será voltada para a parentalidade e trará ferramentas práticas para pais, educadores e cuidadores as utilizarem, no dia a dia, na formação da inteligência emocional de crianças e adolescentes.

MARICLEUMA KÖHLER SOUZA

Maricleuma Köhler Souza

Casada com André, mãe do João Pedro e do Matheus. Especialista em desenvolvimento humano, pós-graduada em Educação Parental e Inteligência Emocional e em Neurociências e Performance Humana, especialista em carreira (orientadora de carreira e *coach* vocacional e de carreira); analista comportamental. Bacharel em Direito, com especialização em Direito Processual. Servidora pública federal. Ministrante de cursos e palestras para famílias e jovens. Tem na família sua fonte inesgotável de inspiração para buscar ser uma pessoa melhor a cada dia; e vivencia, no dia a dia, com os dois filhos, as infinitas oportunidades e desafios que a parentalidade oferece.

Contatos
maricleumakohler@gmail.com
Instagram: maricleumaksouza

Capacidade de identificar e gerenciar as próprias emoções. Capacidade de administrar as emoções e usá-las a seu favor. Capacidade de captar o mundo pelos estímulos. Capacidade de identificar e lidar com as emoções e sentimentos pessoais e de outros indivíduos. Diferencial competitivo. Habilidade indispensável ao sucesso.

Essas são apenas algumas das definições que encontramos quando o assunto é inteligência emocional.

Surgido em 1990, pela proposta dos pesquisadores Peter Salovey e John Mayer, o conceito de inteligência emocional tornou-se mundialmente conhecido por meio da publicação do livro *Inteligência emocional*, de Daniel Goleman (Editora Objetiva).

A partir desse marco, o mundo foi despertado para a amplitude do conceito da mente emocional, sua importância no aspecto decisório e a necessidade do desenvolvimento de técnicas aprimoradas para o gerenciamento das emoções.

Autoconsciência, autogestão, automotivação, empatia e relacionamento interpessoal foram apresentados como os pilares da inteligência emocional e, passados mais de 20 anos da publicação da obra, o tema, já bem conhecido, ganha cada dia mais espaço.

Podemos entender inteligência emocional como a capacidade de reconhecer e gerenciar as emoções direcionando o indivíduo a tomar melhores decisões e, assim, obter os melhores resultados possíveis diante da situação apresentada ou enfrentada.

Mas o que seria a emoção?

Para a neurociência, emoção é uma resposta a um estímulo. Mas a resposta despertada pelos estímulos a que somos expostos está diretamente relacionada à memória emocional, registrada em nosso campo mental para o episódio. Assim, pelas emoções, podemos compreender o que ativa o sistema emocional de uma pessoa.

Outro ponto importante para se registrar é que a intensidade do registro emocional, guardado na memória, está diretamente relacionada ao significado dado ao acontecimento, e não à vivência em si.

Assim, o registro emocional de uma memória se torna elemento essencial para a formação das nossas crenças, ou seja, as lentes pelas quais vemos o mundo exterior.

Não podemos apagar nossas experiências, mas somos capazes de adicionar novos significados a elas por meio do acolhimento e da autorregulação. Podemos treinar nossa mente para sairmos da reatividade emocional aprendendo novos caminhos neurais, que serão alternativas viáveis no momento da tomada de decisão.

Feita essa introdução sobre inteligência emocional, passo a abordagem para a área da parentalidade. No campo parental, tendo em vista a amplitude que o tema alcança, olharemos para a inteligência emocional sob o enfoque das necessidades emocionais essenciais ao desenvolvimento integral do ser humano.

A parentalidade é um conceito amplo e envolve todos os fatores necessários para garantir o pleno e saudável desenvolvimento físico, mental e emocional de uma criança.

O termo também é utilizado para referir-se à relação estabelecida entre a criança e os responsáveis pelos cuidados dela.

Se em algum momento o termo parental referia-se somente ao pai e a mãe, hoje ele abrange as diversas configurações familiares, bastando que haja pelo menos uma criança sob os cuidados de um adulto responsável.

Quando tratamos de inteligência emocional no campo parental, o olhar não se limita à identificação e ao gerenciamento de emoções, mas vai a fundo para buscar como podemos construir habilidades emocionais de forma preventiva desde a tenra idade.

Voltado para essa visão, Young (2022) nos traz as cinco habilidades emocionais que devem ser supridas ao longo da vida para que a criança se desenvolva plenamente e se torne um adulto emocionalmente saudável. Em outras palavras, o atendimento dessas necessidades seria uma maneira eficaz de construir, isso mesmo, construir a inteligência emocional dos nossos filhos.

Por outro lado, o não atendimento das necessidades emocionais produziria um adulto com padrões disfuncionais, que Young denomina de esquemas iniciais desadaptativos. Esses padrões negativos instalam-se como verdades absolutas na criança e formam a lente com que ela passa a enxergar o mundo.

Alguns autores denominam esses padrões como crenças, que podem ser fortalecedoras ou limitantes.

Um ponto importante elucidado pelo próprio criador da teoria é que, embora as necessidades sejam as mesmas, a medida delas é diferente. Você precisará ligar o seu radar para detectar a dosagem que a criança precisa.

Young também esclarece que a maioria dos esquemas são formados pelos acontecimentos vivenciados diariamente e não por acontecimentos traumáticos. Ou seja, a repetição de comportamentos que não agregam para o crescimento saudável da criança pode ser o desencadeador de padrões negativos, tóxicos, e até mesmo patológicos.

Diante dos resultados desses estudos, vê-se que o desenvolvimento da inteligência emocional, olhando para as necessidades emocionais desde a infância, funciona como uma barreira, um verdadeiro fator preventivo ao adoecimento emocional.

Nós não precisamos ser controlados por emoções e sentimentos disfuncionais. Podemos treinar nossa mente a não nutrir pensamentos negativos, tóxicos. Quanto mais sólida for a base emocional, mais recursos o indivíduo terá para lidar com dificuldades, frustrações e situações desafiadoras que irá vivenciar.

A seguir, descrevo as cinco necessidades emocionais na visão de Young.

1. Vínculo seguro: está relacionado ao atendimento da necessidade de se sentir amada. A criança precisa de uma base emocional saudável (estável e previsível). O vínculo seguro envolve tanto o atendimento às necessidades físicas – para que a criança se sinta cuidada – quanto às necessidades emocionais. O vínculo seguro atrela-se diretamente às demonstrações de afeto recebidas por meio de palavras, gestos, expressões.

Na prática: 1. Olhar a criança nos olhos, abraçar, beijar, acariciar. 2. Separar um tempo na rotina para um momento de qualidade com a criança.

2. Autonomia: essa necessidade está ligada a características próprias das crianças: a curiosidade e a iniciativa. A criança precisa ser encorajada a realizar pequenas conquistas diárias. O papel dos cuidadores será criar o ambiente seguro necessário para que a criança tenha oportunidade de experimentar e fazer coisas novas sozinha. Assim, desde cedo a criança terá contato com o sucesso e o fracasso de suas decisões. O apoio parental é crucial para que a criança cresça acreditando na sua capacidade de realização. Cuidar da autonomia é plantar a semente da autoconfiança nos nossos filhos.

Na prática: 1. Estimular a criança a escolher uma brincadeira. 2. Dar a oportunidade da criança escolher a roupa que vai vestir.

3. Limites realistas e autocontrole: a criança precisa saber claramente a importância dos limites para uma convivência harmônica e saudável em sociedade. Trabalhar com limites realistas desenvolve na criança a empatia e a capacidade de lidar com frustrações.

Ensinar o autocontrole tira a criança da reatividade emocional e a ajuda a elaborar caminhos para decisões melhores. O amor-próprio também é reforçado à medida que ela entende os limites do outro e os próprios limites. Como aprendeu a ouvir os nãos de forma respeitosa, terá maior habilidade para expressar limites e para respeitar necessidades.

Os momentos desafiadores são oportunidades de o cuidador ensinar a criança a lidar com as emoções. Acolha o que a criança sente (raiva, medo, frustração) e desestimule o comportamento disfuncional, após a criança estar regulada, ensinando como a criança pode expressar o que está sentindo. A criança deve ser respeitada como o ser em desenvolvimento que é; o comportamento disfuncional deve ser afastado, reforçando-se os limites estabelecidos, ensinando sobre consequências e oferecendo alternativas saudáveis.

Na prática: 1. Criar uma rotina clara, de fácil compreensão para a criança e explicar a ela como seguir. 2. Relacionar as consequências dos comportamentos inadequados e não ficar alterando as regras estabelecidas a todo o momento.

4. Liberdade para expressar opiniões, sentimentos e necessidades: a criança precisa se sentir segura para se expressar; deve aprender o equilíbrio entre as próprias necessidades e a do próximo. O trabalho dos cuidadores nesse aspecto diz respeito à habilidade de ouvir sem julgamentos e demonstrar interesse genuíno pelo que está sendo trazido ao seu conhecimento. Dentro do contexto da criança, permita que ela opine sobre as decisões que irão afetá-la. Escute-a. Explique. Conduza os diálogos de modo que sejam produtivos.

Na prática: 1. Estimule a criança a falar o que pensa e sente sobre o desenho/atividade que fez, no lugar de depender da sua aprovação; ela aprenderá a dar valor à própria opinião também, e entenderá que é importante. 2. Não faça do amor uma moeda de troca, condicionando-o ao atendimento de determinados comportamentos pela criança.

5. Espontaneidade e lazer: toda criança precisa brincar. É assim que elas se desenvolvem. Mas a criança precisa de liberdade para se expressar sem ser ridicularizada. O seu corpo ainda está aprendendo a se movimentar. O responsável deve proporcionar à criança experiências familiares de lazer e felicidade. A diversão deve estar no cronograma da família. Rir, brincar, dançar em família são algumas das atividades que conectam todos os envolvidos e trazem leveza para a vida infantil.

Devido aos neurônios-espelho, copiamos o comportamento um dos outros quando vivemos em sociedade. Nas crianças, podemos ver facilmente o espelhamento dos comportamentos dos pais. Assim, sorria mais, demonstre seus sentimentos e emoções e veja a criança aprender com seu exemplo.

Na prática: 1. Quando a criança falar sobre sentimentos e emoções, ouça com atenção e ajude-a na compreensão do que está sentindo. 2. Programe momentos para diversão em família.

Resumindo, toda criança precisa se sentir amada, encorajada, respeitada, ouvida, acolhida, direcionada, pertencente, importante. Conhecer as necessidades emocionais abre uma porta para pais e cuidadores caminharem para o fortalecimento dos vínculos e a construção de uma conexão de amor com a criança.

Por outro lado, precisamos estar cientes que, mesmo conhecendo teoricamente as necessidades emocionais dos nossos filhos, não conseguiremos atender a todas – infelizmente. Somos humanos, temos uma história, uma caminhada e as próprias necessidades.

Mas esse fato não deve ser tomado como um desestímulo para todos aqueles envolvidos na criação/educação de crianças e adolescentes. Nós podemos exercer intencionalmente papel fundamental em cada tijolinho colocado na construção dos nossos filhos.

Pôr em prática o conhecimento sobre as necessidades emocionais essenciais nos dá a oportunidade de acertarmos mais. Nas palavras de Nolêto (2021), *existem falhas e FALHAS*.

Desempenhar nosso papel com excelência passa pelo entendimento de que vivenciar uma formação respeitosa demandará adentrarmos no autoconhecimento. Aquele que cuida precisa olhar para dentro, reconhecer as próprias necessidades, revisitar sua história, entender suas memórias. A nossa história revela muito sobre como lidamos com as nossas emoções e como construímos o relacionamento parental.

Não é raro reproduzirmos em nossas famílias o modelo comportamental aprendido na nossa família de origem. Nesse ponto, é importante retratar que pesquisas demonstram que os estilos parentais impactam diretamente no desenvolvimento emocional.

Hoje estamos sempre apressados, e auxiliar uma criança a se autorregular após um aborrecimento requer um tempo especialmente voltado àquela atividade, requer presença. Por vezes, pais que se comprometem a não utilizar o grito como ferramenta, logo estão aos berros porque não têm esse tempo para ouvir e compreender a criança, para treinar sua mente emocional.

Conclusão

Devemos, como agentes parentais, trabalhar intencionalmente para a formação da inteligência emocional de nossas crianças, por meio do atendimento de suas necessidades emocionais, como forma de prevenção ao adoecimento emocional.

Conexão emocional é essencial para o sucesso desse projeto. E esse elo, todo pai/mãe/responsável pode aprender a construir. Conecte sua história com a dos seus filhos, compartilhe suas vitórias, mas também fale dos seus fracassos. Deixe espaço para que pensem, sintam e manifestem emoções no seu lar. A sua casa tem que ser o lugar seguro para tratar dos assuntos importantes para a formação e amadurecimento dos seus filhos.

Na prática, olhe para as necessidades e identifique a área que precisa de mais atenção. Estabeleça pelo menos uma ação semanal direcionada a essa área e veja a mágica da construção acontecer. Só a ação transforma e nós podemos assumir o protagonismo desse grande projeto que se chama educação emocional, para a formação de uma geração mais saudável emocionalmente, consciente do seu papel e realizadora da própria felicidade.

Referências

GOLEMAN, D. *Inteligência emocional: a teoria revolucionária que redefine o que é ser inteligente*. 2. ed. Rio de Janeiro: Objetiva, 2012.

GOTTMAN, J. *Inteligência emocional e a arte de educar nossos filhos: como aplicar os conceitos revolucionários da inteligência emocional para uma compreensão da relação entre pais e filhos*. Rio de Janeiro: Objetiva, 2001.

LENT, R. (org.). *Neurociência da mente e do comportamento*. Rio de Janeiro: Guanabara Koogan, 2021.

NOLÊTO, P. *Filhos em construção: as necessidades da criança pela teoria do esquema*. São Paulo: Literare Books International, 2021.

REIS, A. (org.). *Terapia do esquema com crianças e adolescentes: do modelo teórico à prática clínica*. Campo Grande: Episteme, 2019.

SIEGEL, D; HARTZELL, M. *Parentalidade consciente: como o autoconhecimento nos ajuda a criar nossos filhos*. São Paulo: nVersos, 2022.

TIEPPO, C. *Uma viagem pelo cérebro: a via rápida para entender neurociência*. São Paulo: Conectomus, 2021.

YOUNG, J.; KLOSKO, J.; WEISHAAR, M. *Terapia do esquema*. Porto Alegre: Artmed, 2008.

WAINER, R; PAIM, K.; ERDOS, R; ANDRIOLA, R. (org.). *Terapia cognitiva focada em esquemas*. Porto Alegre: Artmed, 2016.

15

NEUROCIÊNCIA A SERVIÇO DA EDUCAÇÃO PARENTAL

Quando entendi que o que me faltava era conhecimento para exercer a minha parentalidade, tudo fez mais sentido. Entender a nossa natureza nos permite identificar nossas dificuldades e as necessidades dos nossos filhos. Neste capítulo, os pais conhecerão o desenvolvimento infantil por meio da neurociência e irão obter estratégias para lidar com os comportamentos desafiadores e desenvolver habilidades de vida em seus filhos.

WALERYA QUEZADO PINTO

Walerya Quezado Pinto

Especialista em Neurociências, Educação e Desenvolvimento Infantil pela Pontifícia Universidade Católica do Rio Grande do Sul (PUC-RS). Pós-graduada em Educação Parental e Inteligência Emocional pela UNIFATEC. Graduanda em Psicopedagogia pela Universidade Estácio de Sá. Educadora parental em disciplina positiva certificada pela Positive Discipline Association (PDA-USA). Formada em *Coaching* Infantil pelo método *KidCoaching* - Rio Coaching. Atualmente, estuda neurociências, inteligência emocional, parentalidade consciente, comunicação não violenta e teologia. Integra teorias e conhecimentos para orientar pais sobre uma educação consciente e intencional. Compartilha conhecimentos sobre desenvolvimento infantil e estratégias para melhorar as habilidades parentais, para que possam educar os filhos e, assim, proporcionar uma relação familiar saudável em um estado dinâmico de completo bem-estar físico, emocional e espiritual.

Contatos
waleryaquezado@gmail.com
Instagram: @walerya_quezado

Walerya Quezado Pinto

Meu desejo de formar uma família e exercer a parentalidade é antigo, iniciou na infância. Fui uma criança que perdeu a mãe aos seis anos de idade. Criada pela minha avó e tios, tendo sempre uma ligação direta e intensa com meu pai e madrasta, que moram em outra cidade. O amor deles me constituiu, mas sentia falta daquele amor de mãe. Na infância e adolescência, gostava de cuidar dos meus primos, sobrinho e irmãos mais novos. Sentia expressar amor, proteção, o cuidar necessário que toda criança requer da mãe. Acredito que buscava dar aquilo que sentia falta pela ausência da minha mãe, por sentir a dor de não se ter, e ter consciência da importância desse amor para viver. Cresci e o desejo de ter minha família, ser mãe e cuidar do meu filho crescia dentro de mim.

Casei-me, constituí uma família, porém, para completar a felicidade, faltava a maternidade. Essa veio em seguida. Ao pegar meu filho no colo, o sentimento era de muita alegria e gratidão. Um amor que não cabia no peito. Porém, com o passar dos meses e anos, me via na maternidade em momentos de impotência, sem saber resolver a situação. Sentia-me desamparada, queria a minha mãe. Acho que, de forma inconsciente, minha história da infância vinha à tona diante da situação: um filho precisando de amparo, cuidados e amor da mãe e eu não estava sabendo suprir as suas necessidades. Muitas vezes chorava me sentindo culpada. Em meio à angústia, tomei consciência de que me faltava conhecimento da biologia humana para entender as necessidades do meu filho expressadas nos comportamentos.

Comprei livros, busquei conhecimento para desenvolver a capacidade de perceber suas potencialidades e necessidades, bem como responder às situações apresentadas. Aproveitava as consultas médicas para tirar dúvidas. Atitudes que me trouxeram autoconfiança. Claro, nem tudo foi perfeito, houve um processo longo de erros e acertos, mas viver a missão de mãe, cuidadora e educadora, buscando nutrir uma relação saudável de amor e respeito, desenvolvendo habilidades de vida, esta missão, que já estava no âmago de meu ser e ecoava desde a minha infância, estava sendo vivida de forma consciente e intencional.

Neste processo observei o quanto o conhecimento transforma. Entendi que educar não é instintivo. Criar um ser para sobreviver pode até ser, mas educar e fazer prosperar é preciso adquirir habilidades para desenvolver ao máximo suas potencialidades. É preciso estudar, conhecer, nos preparar para educar e formar outro ser humano. É necessário aprender sobre desenvolvimento infantil e práticas parentais para aproveitar cada fase da criança, estimulando seu desenvolvimento no momento certo, bem como construindo uma relação harmoniosa e saudável.

Inspirada pela transformação pessoal e observando efeitos no relacionamento com meu filho, dediquei-me a estudar neurociência do desenvolvimento infantil e parentalidade. Entender nossa natureza me permitiu identificar as minhas dificuldades e as necessidades do meu filho, bem como quais estratégias utilizar para lidar com os comportamentos desafiadores dele e desenvolver habilidades de vida.

Neste momento você deve estar se perguntando: por que contar a própria história de vida para falar sobre educação de filhos?

O que tenho para dizer é: conhecimento liberta, transforma e nos traz segurança no processo de educar nossos filhos. Precisamos conhecer a sua biologia para desenvolver suas potencialidades e entender suas necessidades. E outro ponto que quero enfatizar é que as vivências da infância, as experiências dessa fase, constituem o nosso ser.

Somos seres únicos e há em cada família sua singularidade. Assim, compreendo que a minha história é diferente da sua, mas temos um ponto que nos torna semelhantes: a nossa missão como pais e os desafios diários na educação dos filhos.

Os desafios na educação dos filhos

Compartilho momentos desafiadores e acredito que sejam bem conhecidos: birra no shopping, birra para dormir, dificuldade de aceitar regras, falar várias vezes a mesma coisa e não obedecer... Tenho certeza, se não todos, alguns desses desafios você viveu ou vive.

E a relação das qualidades que você quer ver em seu filho quando ele crescer, você já fez? Por exemplo: quero que meu filho seja feliz, comunicativo, resiliente e tenha sucesso. Se ainda não fez, aconselho a parar um pouco e relacionar. Serve como bússola para uma educação consciente e intencional.

Agora só para concluir: suas atitudes em momentos desafiadores desenvolverão essas qualidades no seu filho? Pare um pouco e reflita nesta pergunta. Somente você pode responder.

Porém, gostaria que entendesse que esses momentos são oportunidades para desenvolver essas qualidades, bem como para educar, disciplinar, ajudar seu filho a prosperar e crescer com segurança e confiança. Na verdade, as crianças se comportam de maneira inadequada porque ainda não desenvolveram habilidades necessárias para se comportarem diferente. Outro ponto é que a formação do seu filho depende da relação direta que você tem com ele. Significa que crianças se desenvolvem por espelhamento, aprendendo pelo comportamento dos pais.

Estudos neurocientíficos mostram que a relação direta entre pais e filhos estimula o desenvolvimento cerebral, crescimento emocional e aprendizagem. Sendo assim, para desenvolver as habilidades em seu filho que vão ao encontro com as qualidades que você quer ver nele, precisa conhecer sobre neurodesenvolvimento infantil e necessidades emocionais para desenvolver ao máximo as potencialidades existentes em sua biologia humana. E como se faz isto? A resposta é: entendendo alguns conceitos básicos do cérebro que você está ajudando a se desenvolver. Não é ser especialista, é compreender conceitos que vão ajudar você, enquanto responsável pela educação do seu filho, a desenvolver toda essa potencialidade e habilidades de vida.

É por isso que falaremos, neste capítulo, sobre neurociência a serviço da educação parental. Dessa forma, contribuir com os pais para que possam olhar as inabilidades de seus filhos entendendo que o cérebro deles está em desenvolvimento. E que, por meio de técnicas e ferramentas provenientes da neurociência, possam desenvolver habilidades. Em outras palavras,

> ao compreender alguns pontos simples e fáceis de dominar sobre como o cérebro funciona, você será capaz de compreender melhor seu filho, responder de maneira mais eficiente a situações difíceis e construir uma base para a saúde social, emocional e mental dele.
> (SIEGEL; BRYSON, 2015, p. 24)

A seguir, você vai conhecer conceitos fundamentais sobre o cérebro infantil e como aplicar esse conhecimento na educação do seu filho, proporcionando base e estratégia para lidar com os desafios diários e desenvolver suas habilidades.

O cérebro em constante mudança

Nosso cérebro é formado por várias partes diferentes, cada uma com funções específicas. O livro *O cérebro da criança*, de Daniel Siegel e Tina Bryson, ilustra de forma bem didática o cérebro por inteiro e suas partes, bem como enfatiza a importância de termos esse conhecimento para educarmos e criarmos filhos prósperos e emocionalmente saudáveis. A obra apresenta o cérebro do lado esquerdo, que nos ajuda a organizar pensamentos em frases e a pensar de forma lógica; e do lado direito, sentir emoções e ler sinais não verbais. Também traz o conceito do cérebro do andar de baixo, responsável pela nossa sobrevivência, nos permitindo agir de forma instintiva e emocional; e o cérebro do andar de cima, que nos ajuda a pensar antes de agir.

O segredo para ajudar seu filho nos momentos desafiadores é conseguir integrar essas partes, fazer com que trabalhem juntas de maneira coordenada e equilibrada, semelhante aos órgãos do nosso corpo que executam suas funções individuais, mas trabalham de forma integrada para o funcionamento de um corpo saudável.

Percebemos que, quando nossos filhos não estão com o cérebro integrado, ficam tomados pelas emoções e apresentam birras, desobediência, agressividade, dentre outros comportamentos desafiadores. E o motivo de nem sempre estar integrado é porque o cérebro ainda não teve tempo de se desenvolver. Na verdade, o cérebro do andar de baixo já está bem desenvolvido no nascimento e o cérebro do andar de cima é considerado totalmente desenvolvido por volta dos 25 anos de idade. Porém, a boa notícia é que os pais podem realizar práticas parentais que influenciam o desenvolvimento rumo à integração.

Essas práticas parentais no período da infância influenciam a formação do cérebro e impactam diretamente no desenvolvimento infantil e na formação integral do ser humano. Cientistas descobriram que o cérebro é "plástico" e dão o nome de "neuroplasticidade". Significa que o cérebro se modifica pela aprendizagem, estabelecendo relações e circuitos neurais que transformam seu funcionamento, adquirindo habilidades. Ou seja, "novas descobertas na área da neuroplasticidade reforçam a perspectiva de que os pais podem moldar diretamente o crescimento do cérebro dos filhos, conforme as experiências que oferecerem (SIEGEL; BRYSON, 2015, p.30). Assim, as experiências proporcionadas pelos pais moldam o cérebro dos filhos.

Nesse momento você pode estar se perguntando: como usar as experiências dos desafios diários para ajudar o cérebro do meu filho a se tornar cada vez mais integrado? É o que veremos a seguir.

Desafios do comportamento e a oportunidade de desenvolver habilidades

Agora, depois das explicações, vamos à prática. O nosso primeiro exemplo é sobre o temido ataque de birra. Acredito ser um dos momentos mais desafiadores na educação dos filhos. E você, o que acha? Como responde ao ataque de birra do seu filho?

Conforme Daniel Siegel e Tina Bryson, há dois tipos diferentes de ataques de birra. O ataque de birra do andar de cima – que ocorre quando a criança, de forma consciente, toma a decisão que fará birra até conseguir o que quer – e o ataque de birra do andar de baixo. E é sobre este último que iremos detalhar.

O ataque de birra do andar de baixo deixa a criança descontrolada. Tomada pelas emoções, ela não consegue utilizar o cérebro do andar de cima. Por exemplo, seu filho pequeno fica com tanta raiva de você porque não o deixa tomar sorvete que grita, se joga no chão, chuta e empurra. Nesse caso, o andar de baixo do cérebro está no controle e o andar de cima não está funcionando completamente. Sendo assim, incapaz de controlar o corpo, emoções, pensar em consequências e soluções. A sua primeira atitude é se conectar com seu filho e ajudá-lo a se acalmar, por meio de toques carinhosos e tom de voz tranquilo. Portanto, não faz sentido, nesse momento, dar sermão e falar em consequências porque o cérebro racional, o cérebro do andar de cima, não está funcionando para processar a informação. Quando seu filho se acalmar e o cérebro do andar de cima entrar em ação, você pode usar a lógica e a razão: "Estou entendendo que você gostaria muito de tomar sorvete, porém o tempo está frio e você está resfriado. Você pode escolher qualquer outro dia para vir tomar sorvete. Qual será o dia e o horário que você escolherá?". E em outro momento, quando entender que seu filho está receptivo, fale sobre comportamento e consequências: "Vi que você estava com muita raiva porque não pôde tomar sorvete, mas quero que entenda que não é legal chutar, empurrar e se jogar no chão. Podemos conversar, analisar a situação e sugerir soluções". Assim você estará desenvolvendo em seu filho comunicação, pensamento crítico e resolução de problemas.

Outras estratégias com base no livro *O cérebro da criança*.

Conectar e redirecionar: quando seu filho estiver chateado, conecte emocionalmente o seu cérebro direito com o cérebro direito dele. Acolha-o, mostre que você o compreende: "Você está chateado, não é?". Então, depois que ele estiver mais receptivo, traga as lições e a disciplina do cérebro esquerdo.

Nomear para disciplinar: quando grandes emoções do cérebro direito estiverem saindo do controle, ajude seu filho, por meio de perguntas, a contar a história sobre o que está acontecendo: "Vi que você chutou a bola e escorregou. O que aconteceu?". Ao fazer isto, ele usará o cérebro esquerdo para encontrar sentido na experiência e se sentirá mais calmo.

Acredito que, após compreender sobre o cérebro do seu filho, você ajustará as expectativas sobre ele, como também será mais eficaz para educar, disciplinar e desenvolver habilidades de vida. Ou seja:

> Na verdade, como pais, isso nos encoraja ainda mais a incentivar que nossos filhos desenvolvam capacidades que resultem em comportamentos adequados, oferecendo-nos uma estratégia bem eficiente para tomar algumas decisões arriscadas, especialmente quando estamos em meio a uma situação acalorada – como um ataque de birra.
> (SIEGEL; BRYSON, 2015, p. 77)

Construa a sua parentalidade

Compreendi com a minha experiência o quanto entender a ciência sobre o funcionamento humano tornou o exercício da minha parentalidade mais leve, proporcionou desenvolver habilidades de vida em mim e no meu filho, bem como contribuiu para uma relação mais harmoniosa e saudável. Acredito que foi possível trilhar este caminho porque procurei dentro de mim aquilo que me faltava para que pudesse desenvolver, bem como sabia aonde queria chegar.

Para que possa construir a sua parentalidade, pratique primeiramente o autoconhecimento, busque em você o que já possui, identifique o que é necessário ampliar e o que falta em você. Tenha consciência do seu ponto de partida e defina o ponto de chegada quanto às qualidades que quer desenvolver em seu filho, trilhe o caminho que deseja percorrer. E em cada passo, em cada decisão, que haja muito amor, empatia e compaixão.

Assim, convido você para se tornar protagonista na missão de educar seus filhos e viver uma parentalidade consciente, intencional, com base na singularidade da sua família, proporcionando uma relação familiar saudável em um estado dinâmico de completo bem-estar físico, emocional e espiritual.

Referências

ABRAHÃO, T. *Educar é um ato de amor, mas também é ciência: entenda a neurociência por trás dos desafios na relação entre pais e filhos.* São Paulo: Literare Books International, 2022.

CESTAROLI, A. et al. *Encorajando pais: práticas para educar crianças e adolescentes confiantes e capazes.* São Paulo: Literare Books International, 2022.

SIEGEL, D.; BRYSON, T. *O cérebro da criança: 12 estratégias revolucionárias para nutrir a mente em desenvolvimento e ajudar sua família a prosperar.* São Paulo: nVersos, 2015.

SIEGEL, D.; BRYSON, T. *O cérebro que diz sim: como criar filhos corajosos, curiosos e resilientes.* São Paulo: Planeta do Brasil, 2019.

ASSUNTOS DIVERSOS QUE IMPACTAM NA PARENTALIDADE

16

POR QUE TEMEMOS TANTO O CONFLITO?

Os conflitos interpessoais que se desenvolvem entre as crianças, por excelência em ambiente escolar, quando mediados de maneira respeitosa pelos adultos, colaboram para o surgimento da tão almejada autonomia moral.

ANA PAULA DINI

Ana Paula Dini

Doutora e mestre em Educação pela FE-USP; e especialista em Educação Infantil, pela mesma universidade. Graduada em Língua e Literatura Portuguesa pela FFLCH-USP. Especialista em Educação Parental e Inteligência Emocional pela Parent Coaching Brasil. Idealizadora do projeto *Meu filho e eu, eu e meu filho,* um método de aprimoramento de relacionamento interpessoal, que se baseia no curso criado nos EUA *Como falar para o seu filho ouvir e como ouvir para o seu filho falar*. Na educação há 32 anos, foi professora em todos os segmentos: da educação infantil à formação de professores. Desde 2019, atua como orientadora educacional e educadora parental. Mãe do João, 22 anos, e do Ricardo, 14 anos. Com eles, tem compreendido que educar é tornar-se dispensável. Seu propósito é conectar-se com outras mães e pais e, amorosamente, desenvolver junto deles estratégias para preparar os filhos para a autonomia intelectual, afetiva e social.

Contatos
proanadini@gmail.com
Instagram: apdini
11 99113 7788

Ana Paula Dini

> Apesar do ar guerreiro que sua carapaça lhe dá,
> o tatu é um animal sempre afetuoso com os seus.
> Num dia como tantos outros, no país dos tatus,
> dois deles descobrem um objeto que as águas
> trouxeram para perto de suas tocas.
> — Para que serve esse negócio? – perguntam-se os
> tatus mal-informados.
> (BRETON, 2001)

Assim começa a história *Tatus tranquilos,* no livro infantil escrito por Florence Breton. A situação inicial de tranquilidade é alterada pela inesperada presença de um objeto que não é nomeado, mas graças às delicadas imagens que complementam o texto, nós, os leitores, identificamos um balde.

Devido à falta de informação, do ponto de vista de cada tatu envolvido na trama, o balde se transforma em um objeto diferente: um tambor, uma panela, um berço, uma pá, um chapéu, um brinquedo, um trono… Coisas que atendem à necessidade única de cada personagem. A composição das palavras com as imagens encaminha a trama e é possível perceber o grande conflito que se estabelece entre os tatus. Nenhum deles fica livre, nem mesmo o tatu-rei.

A situação, carregada de agressividade, beira à violência; mas é interrompida quando um tatu mais velho chega trazendo a informação de que se trata de um balde. Essa revelação traz a paz novamente ao mundo dos tatus, até que outro objeto não identificado seja encontrado, o que leva a um novo conflito.

Sabem qual é uma das principais características de um texto literário? É tratar de questões constitutivas do ser humano. Literatura – sendo para adulto, jovem ou criança – traz à tona aquilo que nos revela como seres humanos. Essa característica, inclusive, torna algumas obras verdadeiramente clássicas, pois não importa a época em que foram escritas, elas continuam universais e atemporais.

A escolha pela obra citada acima ilustra simbolicamente que o conflito nasce como movimento inerente aos sujeitos, de suas identidades, por meio da afirmação e preservação do eu. A etimologia latina da palavra conflito, *conflictus*, nos leva a considerar alguns aspectos do seu significado: luta, combate, colisão, discussão (CUNHA, 1982, p. 206).

E ainda, segundo Chrispino (2007, p. 15):

> Conflito é toda opinião divergente ou maneira diferente de ver ou interpretar algum acontecimento. A partir disso, todos os que vivemos em sociedade temos a experiência do conflito. Desde os conflitos próprios da infância, passamos pelos conflitos pessoais da adolescência e, hoje, visitados pela maturidade, continuamos a conviver com o conflito intrapessoal (ir/não ir, fazer/não fazer, falar, não falar, comprar/não comprar, vender/não vender, casar/não casar etc.) ou interpessoal[...]

Os conflitos interpessoais são aqueles que nos colocam em oposição com o Outro. Eles exigem a presença do Outro. São exemplos: as brigas no trânsito, o desacordo em relação a educar de uma ou de outra maneira, o posicionamento sobre questões políticas... Aliás, em tempos de tanta polarização, os conflitos interpessoais estão em alta.

Atualmente, os conflitos parecem mais frequentes do que em todos os outros tempos, em especial no espaço escolar. Destaco, porém, que eles não são exclusivos dos dias de hoje. Redorta (2004) cita vários exemplos de conflitos que aconteceram ao longo dos tempos.

Autor	Tipo de conflito	Processo resultante	Síntese
Darwin (1809-1882)	Conflito entre o sujeito e o meio	Diferenciação e adaptação	Luta por existir
Marx (1818-1883)	Conflito entre classes sociais	Estratificação social Hierarquia	Luta pela igualdade
Freud (1856-1939)	Conflito entre desejo e proibição	Repressão e defesa	Luta por dever
Piaget (1896-1980)	Conflito nas decisões e experiências	Aprendizagem Resolução de problema	Luta por ser

O quadro aponta ser possível pensar o conflito de uma forma diferente da apresentada etimologicamente, e que tem sido construída pelo senso comum. Motivados por ondas de violência e insegurança social generalizada, muitos adultos acreditam que o conflito é negativo ou simplesmente perigoso, que coloca em risco as pessoas envolvidas e reforça papéis de vítimas e agressores. Existe também a crença de que quem entra em conflito é rebelde, não tem limites, está em crise, é briguento, egoísta ou tem problemas com autoestima.

A perspectiva defendida aqui e que se adequa à reflexão em espaço educacional é a de que o conflito integra a essência do ser humano, como movimento constitutivo dos sujeitos (WALLON, 1968-1995). Quando preservamos e afirmamos o nosso eu, nós o fazemos em relação de oposição com o Outro. É na observação do Outro que determinamos, por meio de escolhas, quem seremos. É preciso estar em interação com o Outro para se ver como alguém distinto.

Diante de tal perspectiva, o conflito entre as crianças passa a ser uma possibilidade de desenvolvimento do eu e não algo negativo que deve ser evitado.

É importante construir pontes e entrelaçar ambientes (escola/casa) e atores (criança/família/educador); e, assim, sugerir intervenções sistêmicas ao localizar o conflito. Dentro do espaço escolar, com a mediação de educadores, a anuência e a compreensão de pais, mães e familiares, será possível dar voz às crianças e, então, estabelecer o elo entre conflito e desenvolvimento da autonomia moral.

A autonomia moral

Autonomia! Palavrinha dita tantas vezes por pais e educadores como sinônimo de fazer sozinho. O termo nomeia as conquistas das crianças, por exemplo: ela já tem autonomia para ir ao banheiro, escovar os dentes, vestir-se, amarrar o tênis, comer, ler, escrever, fazer as lições de casa. Todos esses degraus a serem transpostos indicam desenvolvimento, portanto crescimento, mas não são sinônimos de autonomia moral.

Comportar-se moralmente, o que equivale a ter conquistado a autonomia moral, vai além disso. Diz respeito a ser capaz de seguir regras sem depender de uma voz de autoridade que nos guie e escolher fazer o que parece certo, não por ter medo de ser punido ou por desejo de ser recompensado.

A autonomia moral também inclui o respeito pelos direitos dos outros e pelos próprios direitos, a responsabilidade de assumir as consequências de suas ações, a necessidade de compartilhar, ajudar, consolar e até mesmo pedir desculpas às outras pessoas quando julgar necessário, e não apenas porque foi habituado a agir assim.

Mas o que a autonomia moral tem a ver com os conflitos?

Quando a criança se vê numa situação de conflito interpessoal, está diante de algo de que necessariamente precisa, que deseja, mas nem sempre sabe como obter. Além disso, está diante de um Outro que também pode estar em busca de satisfazer seus desejos, as suas necessidades.

A disputa por um brinquedo, por exemplo, pode ser suficiente para desencadear um conflito entre crianças de diferentes idades. Os adultos, ao presenciarem a situação, podem ter comportamentos diferentes: alguns incentivam que a criança empreste, compartilhe ou alterne a posse do objeto com a outra; outros impõem tudo isso; outros ainda simplesmente retiram o brinquedo e dizem que ninguém mais brincará com ele.

Há regras para a boa convivência que às vezes são impostas pelos adultos às crianças, desconsiderando os sentimentos e as necessidades delas. Para que aconteça o desenvolvimento da autonomia moral, a criança não precisa aprender a ceder, mas, sim, a negociar.

O ponto de vista do Outro

Pensar sobre o ponto de vista do Outro e coordená-lo com o próprio ponto de vista é algo que a criança precisa aprender. Ilustro essa ideia com um exemplo frequente no contexto escolar.

Duas meninas de seis anos, Laís e Malu, brincavam no horário de parque, cada qual em um espaço diferente. Quando Laís chamou Malu para brincar de boneca, exigiu que ela saísse da casinha da árvore, onde parecia estar tão satisfeita, para que se juntasse à brincadeira com as bonecas. Mas Malu não quis deixar a casa na árvore. Laís procurou a professora e lhe disse que Malu não queria ser sua amiga nem brincar com ela. Laís chorava muito.

Na situação descrita, notamos que a falta de compreensão sobre a necessidade do outro faz com que as crianças não consigam coordenar seus pontos de vista. Levar as bonecas para a casa na árvore, por exemplo, teria sido um modo de combinar seus desejos, mas isso não é evidente para a criança pequena e gera conflito.

Há uma série de aspectos a serem compreendidos a fim de que a criança consiga respeitar a si mesma e ao outro. Ela precisa:

- Coordenar pontos de vista, refinando suas argumentações.
- Compreender seus limites e os dos outros.
- Reconhecer suas necessidades e as dos outros.
- Equilibrar a capacidade que o outro tem de fazer valer a sua vontade, sem abrir mão de satisfazer as próprias necessidades.

- Buscar soluções diferentes para restabelecer a reciprocidade.
- Aprender sobre escuta empática.
- Gerenciar questões socioemocionais, o que significa identificar e expressar suas emoções e as dos outros; autorregulação, reagir às suas emoções, ser sensível em se relacionar com outras pessoas etc.
- Atuar de modo cooperativo.
- Criar estratégias de negociação.

A conquista desses aspectos não se dá de modo espontâneo. Isso é evidente na convivência com adultos, pois notamos que nem todos atingiram o estágio final de autonomia moral. São pessoas com perspectiva egocêntrica, que não sabem lidar com opiniões divergentes das suas, que evitam as diferenças de perspectiva do outro. Muitas vezes, não conseguem descentrar de seu ponto de vista em troca de construir uma convivência mais harmoniosa, nem se posicionar cooperativamente. Seriam esses os adultos que, em geral, buscam preservar suas crianças dos conflitos?

Você pode estar se perguntando sobre qual idade a conquista da autonomia moral acontece e como ela pode ser garantida. Não há como determinar uma idade certa, mas, por volta dos seis anos, a criança pode ter um pensamento ainda impulsivo, egocêntrico e unilateral. Contudo, esse pensamento tende a evoluir se desde o início de sua vida ela tiver sido estimulada a atuar de modo ativo sobre todos os aspectos listados acima. Tenha sido, por exemplo, encorajada a pensar e agir a partir dos próprios sentimentos e necessidades, sem deixar de ouvir e interagir com os de seus pais, irmãos, familiares, amigos ou professores.

Por volta dos sete anos, as crianças percebem que os outros têm perspectivas sobre elas, buscam entender a qual grupo pertencem e com quem querem estar. Por meio do Outro, passam a ser um objeto de reflexão para elas mesmas, passam a perceber que o mundo não existe apenas para elas mesmas, que as relações entre as pessoas são recíprocas. Quando as crianças têm a oportunidade de refletir em conjunto sobre um mesmo fato e discutir as diferentes emoções e necessidades envolvidas nele, desenvolve-se o pensamento sociomoral autônomo. Nesse caso, os conflitos têm papel fundamental.

Selecionei a seguir algumas falas de crianças que indicam situações de conflito.

— Eu fiquei sozinha no recreio porque a Marina não me deixou participar da brincadeira.

— Amanhã eu vou voltar lá, e vou mostrar para o Chico que quem manda no jogo sou eu. Você acredita que ele me empurrou e eu caí na lama?

— Eu só sou escolhido pelo grupo quando não há mais opção.

— Ontem eu faltei à aula e, quando a professora chamou o meu nome e disseram que eu faltei, o Arthur disse: "Que bom que ela não veio!".

— Eu cuspo mesmo, cuspo porque ninguém quer brincar comigo. Eu sou culpado de tudo sempre! Eu sou mesmo mau!

O adulto, seja ele professor ou algum familiar, ao escutar falas como as descritas acima, poderá escolher se posicionar de maneiras diversas como:

- Negar os sentimentos das crianças; adotar a postura de indignação e ir tirar satisfação com a outra criança envolvida, impondo a ela um pedido de desculpas; ou responsabilizar a falta de olhar dos adultos que poderiam estar na cena (e não estavam).
- Manter-se calmo, controlar suas reações, reconhecer que o conflito pertence à criança e acreditar na capacidade dela para solucioná-lo.

A primeira postura evidencia a descrença na capacidade das crianças de resolverem conflitos, o medo de serem agredidas e maltratadas pelos colegas, a certeza de que será necessária a atuação do adulto para extinguir o conflito, pois ele é visto como algo ruim e que deve ser evitado.

Quem escolhe a segunda opção reconhece que o conflito pode ser um bom momento para que a criança exercite a coordenação de diversas perspectivas e possa, portanto, desenvolver-se a partir dele. Cabe ao adulto sugerir que as crianças envolvidas tenham a oportunidade de retomar a situação. **Será preciso dar voz às crianças.** Caso ainda estejam na escola, o professor ou outro educador pode ajudá-las. Se a criança foi para casa, é imprescindível que seus familiares a incentivem a pedir ajuda de seus educadores assim que possível.

A situação de conflito que acontece na escola deve ser resolvida em ambiente escolar para que todas as partes envolvidas possam se expressar. Só tendo voz é que a criança se percebe como alguém que reconhece suas necessidades, expõe seus limites e nota esses aspectos também presentes no Outro.

Depende do adulto a mediação do conflito, com o uso de diferentes estratégias como técnicas de comunicação não violenta, disciplina positiva, dinâmicas. Mas vale ter em mente que a criança forma uma série de ideias enquanto a situação é mediada. Vejamos algumas delas:

- Há espaço para a escuta.
- Pode haver discordância e, ainda assim, é mantido o respeito.
- Mudar de opinião é uma possibilidade e não é vergonhoso.
- Dar a última palavra não se relaciona com ganhar ou perder.
- O objetivo da negociação não é estar certo.

Percebam como é possível identificar a maioria delas na mediação a seguir, durante um conflito interpessoal entre crianças de sete anos.

Joaquim procurou a professora muito bravo.

Joaquim: — Eu estou muito triste com a história da minha avó e contei para a Valentina, ela não podia ter contado para ninguém, mas espalhou para todo mundo.

Professora: — Joaquim, é importante que você fale sobre isso com a Valentina.

Valentina é chamada.

Professora: — Valentina, o Joaquim quer falar com você sobre algo que aconteceu entre vocês.

Joaquim: — Rafa, eu te contei sobre o acidente da minha avó, eu estava muito triste e você contou para todo mundo sobre o que aconteceu com a minha avó.

Valentina: — Mas, Joca, você não disse que eu não podia contar e, se não podia contar, por que você me contou?

Joaquim: — Eu estava muito triste, você é minha melhor amiga e eu quis falar para você.

Valentina: — Tá certo, Joca. Eu vou te pedir desculpa, mas vou te dizer uma coisa, não me conta mais nada porque eu não sei guardar segredo! Não conta mesmo!

Professora: — Joaquim, como você está depois de ter conversado com a Valentina?

Joaquim: — Ainda estou triste, mas sei que não devia ter contado nada para ela. Eu não sabia que ela não era boa de guardar segredo.

Na conversa que a professora incentiva entre as crianças, Valentina percebe que cometeu um erro e que só pode se desculpar, porque não há como voltar atrás. Joaquim reflete sobre a postura da menina e tira uma conclusão para si mesmo.

Situações de conflito são muito diversas e nem sempre são tão pontuais como essa. De todo modo, todos os conflitos são passíveis de serem mediados e, principalmente, oportunizam às crianças a descentralização dos seus pontos de vista, coordená-los encaminhando para uma postura cooperativa e tiram-nas da condição egocêntrica de compreensão do mundo.

É o desenvolvimento desse tipo de pensamento que fará com que a criança conquiste uma postura moral autônoma. Da parte dos adultos, ouvir as crianças, reconhecê-las potentes, falando por elas mesmas sobre seus sentimentos e necessidades, nos faz descobrir que conflito não é ausência de paz, e, portanto, não há porque temê-lo.

Referências

ALVES, E.; FERREIRA, M. Meninas no recreio escolar: dos conflitos ao aprender a negociar e a construir consensos para participar socialmente. *In*: *Educação*. Revista do Centro de Educação UFSM, Santa Maria, v.47, 2022. Disponível em: <https://periodicos.ufsm.br/reveducacao>. Acesso em: 10 jun. de 2023.

BRETON, F. *Tatus tranquilos*. São Paulo: Companhia das Letrinhas, 2001.

CHRISPINO, A. Gestão do conflito escolar: da classificação dos conflitos aos modelos de mediação. *In*: *Ensaio: aval. pol. públ. Educ.,* Rio de Janeiro, v.15, n.54, pp. 11-28, jan./mar.2007.

DE VRIES, R.; ZAN,B. *A ética na educação infantil: o ambiente sócio-moral na escola*. Porto Alegre: Artes Médicas, 1998.

PIAGET, J. *A tomada de consciência.* São Paulo: Melhoramentos, editora da Universidade de São Paulo (ed. Orig.1974), 1977.

REDORTA, J. *Como analizar los conflictos: la tipologia de conflictos como herramienta de midiación.* Barcelona: Edicones Paidós Ibérica, 2004.

WALLON, H. *A evolução psicológica da criança.* São Paulo: Martins Fontes, 1968.

WALLON, H. As origens do caráter na criança. São Paulo: Nova Alexandria, 1995.

17

A IMPORTÂNCIA DO AUTOCONHECIMENTO E DO AUTOCUIDADO NA PARENTALIDADE

Quando dizemos que estamos em processo de autoconhecimento e autocuidado, corremos o risco de sermos julgados por egoístas, pois nos vem a imagem de alguém que cuida mais de si mesmo e menos dos outros. Entretanto, podemos também olhar pelo ponto de vista de que só podemos dar, ajudar e/ou oferecer para o outro o que possuímos. Falar de autoconhecimento e autocuidado é refletir sobre essas questões na nossa vida, para que percebamos o que estamos dando para os nossos filhos e como isso está refletindo na vida deles e nas nossas. O que estamos, afinal, dando para os nossos filhos? Como está refletindo na vida deles e nas nossas? O que está sobrando e/ou escasso, ou até inexistente em nós mesmos?

DANIELE MAESTRI BATTISTI ARCHER

Daniele Maestri Battisti Archer

Sou Daniele Maestri Battisti Archer, a terceira filha de Dino e Bernadete Maestri, casada há 22 anos com Davi Battisti Archer, mãe de quatro filhos. Dois nascidos, Leonardo e Valentina; e dois não nascidos. Pedagoga e psicopedagoga institucional por 27 anos. Ser professora de ensino infantil e fundamental me instigou a ser conhecedora da construção humana. Aprendi que, para uma criança desenvolver-se bem na escola, ela precisa estar com o coração disponível emocionalmente. Conectar-se com pessoas – seja ela criança, adulto ou idoso – é uma habilidade fácil para mim. Pós-graduada em *counseling* (profissional da escuta), consteladora sistêmica, *master* em PNL (programação neurolinguística). Todas as especificações me fizeram ter um outro olhar sobre a vida e sobre mim mesma. Eu me desliguei da sala de aula científica para trabalhar como terapeuta. Quando tratamos de emoções de crianças e adolescentes, precisamos conhecer suas histórias. A educação parental entrou na minha vida como uma missão, um propósito, que compreendi ao conectar-me com a cura da minha infância, uma cuidadora e orientadora da minha família e da sua.

Contatos
davidani.archer@gmail.com
Instagram: @danimaestri
Facebook: Daniele Maestri Battisti Archer
47 99983 4479

Se você fosse um copo, como ele seria? Essa é a metáfora que usarei para contar a minha história como uma pessoa comum em busca do seu desenvolvimento pessoal e parental.

— Vou dar para vocês, meus filhos, os que eu não tive – é o que falo ou penso muitas vezes. Daí, logo depois, em outra situação, já falo ou penso: — Poxa vida, eu dou tudo o que não tive para os meus filhos, estou fazendo tudo o que posso...

Você já parou para refletir no verdadeiro sentido dessas frases?

Como alguém conseguiria dar o que não tem? Essa conta não fecha! Se dou o que não tenho, fico no negativo ou vou precisar pedir para alguém, não é mesmo?

Essas reflexões me levam a explicar as expectativas, as projeções e as exigências reclamadas pelos filhos em relação aos pais. E nós, como pais, sabemos que muitas vezes as expectativas, projeções e exigências também estão relacionadas aos nossos medos e desejos de sucesso e felicidade dos nossos filhos. Falo também porque o que não gostamos de ouvir é que muitas das dificuldades que temos com nossos filhos dizem respeito a nós mesmos. Nossas frustrações e nossos fracassos, nossos medos e nossas limitações – e ouso ainda a falar dos nossos traumas.

É por isso que escolhi falar de autoconhecimento e autocuidado na parentalidade, porque preciso fazer-me entender e me conhecer de verdade, saber da minha história, compreendê-la e amá-la do jeito que ela é, para que possa me amar, me cuidar, me compreender, amar a mim mesma dentro dos meus filhos (pois os pais estão nas células dos filhos) e viver um amor incondicional (um amor que não põe de forma alguma condição). Um amor que está junto, ensina, compreende, não julga e não ofende.

Vamos lá, então, como faço isso? Focar em mim e no meu autocuidado não é egoísmo? O que é e o que entendemos por autocuidado e autoconhecimento?

Vamos por partes. Vou usar uma metáfora que adoro. Imagine que você seja um copo. Que seu corpo seja o copo, a parte do recipiente. E que seus pensamentos, crenças, sentimentos e emoções sejam o conteúdo que está dentro do copo, o conteúdo líquido. O que você tem no seu copo? Que tipo de pensamentos, crenças, sentimentos e emoções você carrega? O que você bebe e oferece para os outros? Conhecer o verdadeiro conteúdo do que tem dentro do copo é autoconhecimento. Cuidar, limpar e manter transparente a parte interna do copo é tirar a sujeira dos pensamentos, dos sentimentos e das emoções. É refletir sobre minhas crenças e me manter aberto a aprender, questionar e melhorar o que tenho dentro de mim, para que o conteúdo que eu bebo e ofereço aos outros seja saudável a mim e aos outros.

Cuidar e manter transparente a parte externa do copo é cuidar de sua aparência para que possa ser visto o que há verdadeiramente dentro; e não disfarce ou esconda o conteúdo.

Se somos um copo e o que tenho dentro são meus pensamentos e emoções, como estou sendo eu mesma? O conteúdo que está no copo é saudável para mim e para oferecer para alguém? Como faço para colocar conteúdo de qualidade no meu copo e deixá-lo transparente?

A resposta está nos processos terapêuticos, experiências de autoconhecimentos, imersões, desenvolvimento da espiritualidade são algumas opções.

PARE um minuto e brinque com sua imaginação.

Imagine-se um copo. Como você seria externamente? Que cor? Material? Tamanho?

E internamente? O conteúdo seria líquido ou sólido? Será que pode ter os dois? É transparente ou tem cor? Qual o gosto do conteúdo? Doce, amargo, azedo ou até salgado?

Se quiser, desenhe esse copo, escreva, sinta. Você já está trabalhando seu autoconhecimento.

Penso que agora fica mais fácil de entender o que quis dizer lá no início do que escrevi. Como pais, precisamos nos encher de sentimentos, emoções e comportamentos bons, funcionais e saudáveis para que possamos dar para nossos filhos. Precisamos ser e ter antes de dar, pois os filhos observam e analisam nossas falas e comportamentos o tempo inteiro, eles aprendem conosco nas coisas mais simples, imitam, copiam ou repudiam, julgam e fazem ao contrário. Precisamos ter clareza do que pensam e como se comportam; nós, pais, não vamos conseguir controlar; vamos influenciar, e muito, a partir do que vivemos e somos.

"O comportamento pode ser definido como conjunto de atitudes e reações do indivíduo, determinadas por fatores genéticos e também ambientais", explica Marta Wey Vieira, médica geneticista clínica e professora na Pontifícia Universidade Católica de São Paulo (PUC-SP).

Então, é como se eu tivesse um alerta constante em mim dizendo: **cuide-se, seu filho está observando e aprendendo com você.**

Essa frase soa muito pesado e gera uma responsabilidade muito grande, preciso ser melhor para meu filho. Fica muito melhor se eu disser assim: **eu sou a minha melhor versão**, conheço e trabalho minhas limitações, minhas fraquezas, minhas sombras e potencializo minhas forças, minhas qualidades, meus valores.

Gosto de dizer que ninguém nos ensinou a ser filhos nem pais. Aprendemos a ser filhos e pais na prática. O nosso ser filho influencia o nosso ser pais. São dois movimentos distintos e que precisam ser observados e considerados no desenvolvimento do nosso autoconhecimento. Você já parou para pensar em como você foi como filho? Ou melhor dizendo, como você ainda é como filho? Nunca deixamos de ser filhos. Todos somos filhos, mas nem todos somos pais.

Como terapeuta sistêmica, procuro fazer essas reflexões com meus clientes, pois o nosso entendimento dessas questões atua na nossa vida de forma que não percebemos.

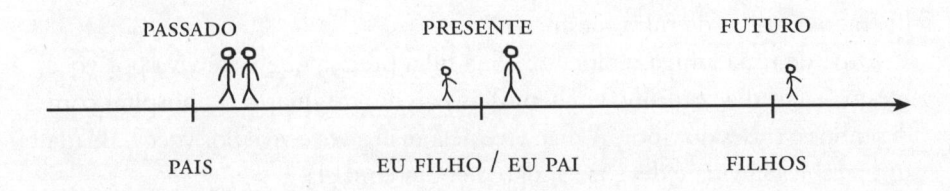

PASSADO	PRESENTE	FUTURO
PAIS	EU FILHO / EU PAI	FILHOS

Observe a linha do tempo do "eu", o "eu" possui duas posturas, a de ser filho e a de ser pai ou mãe. Na visão sistêmica, diante dos pais, somos sempre pequenos, os filhos, os que vieram depois; como pais, somos grandes. Por isso, sermos filhos influencia diretamente o sermos pais.

Desenvolver o nosso autoconhecimento é fazer a compreensão, trazer para a consciência as vivências do nosso ser filho, da nossa infância, da dinâmica familiar que vivemos, dos nossos padrões de pensamentos para podermos ser boas influências para nossos filhos.

Utilize o comportamento do filho como termômetro sobre si mesmo.

Pais em construção

Você já parou para pensar que seu filho pode ser um termômetro que mede o clima emocional e o nível de verdade nos relacionamentos e emoções no ambiente em que ele convive?

Existem muitos estudos que comprovam o envolvimento do inconsciente dos filhos com o inconsciente dos pais.

Posso afirmar para vocês que comecei a me conhecer de verdade quando minha filha, com 9 anos na época, ficou gravemente doente. Ela desenvolveu uma depressão com anorexia. Até ficarmos internadas e ela com risco de morte, eu ainda achava que estava no controle da situação. Quando os médicos começaram a decidir por mim e a equipe médica olhou nos meus olhos e disse: "Vamos fazer o possível, não vamos perder sua filha". Daí sim, o desespero veio. Eu virei minúscula diante da situação. Sentimentos de incapacidade, culpa, pena, raiva, medo foram tomando conta do meu ser. E agora? Brigas com Deus na madrugada – porque sono era difícil de chegar nessa situação – foram necessárias para que o Deus que mora em mim pudesse acordar. Agora, a conversa estava sendo eu comigo mesma com influência de Deus e do Espírito Santo, é claro. E, assim, começou a surgir o meu verdadeiro autoconhecimento. Quando me abri para conhecer meu lado sombrio, minhas fraquezas, minhas dores e meus traumas. Quando me encontrei com minha infância e pude me reconciliar com a criança magoada, sozinha e cobrada. Quando pude fazer as pazes com o meu passado, perdoar o que precisava ser liberado e cuidar de mim mesma.

Ouvi de uma amiga terapeuta: "Sua filha precisa que você viva por você mesma". No dia seguinte, enchemos as paredes do quarto do hospital com desenhos e frases do tipo: "A mãe vive pela mãe e você vive por você", "Cada um recebe sua vida e deve fazer algo de bom com ela".

É muito comum e banal ouvirmos dos pais, na maioria mães: "Eu vivo pelo meus filhos", "Eu morro pelos meus filhos", "Eu faço tudo para os meus filhos". E foram exatamente essas frases que eu falei diante da minha filha, deitada na cama do hospital. Agora que eu aprendi o quanto isso foi e é pesado para os filhos.

Por isso, vou lhe propor outro exercício.

Volte lá na linha do tempo e imagine-se no lugar de filho virado para os pais e ouvindo de seus pais as frases escritas acima. Perceba e sinta o seu corpo.

Seu corpo se vinculou mais ou quis se afastar? Você quis se aproximar ou virar para o futuro? Foi leve ou pesado?

Realize o mesmo exercício ouvindo de seus pais: "A mãe vive pela mãe e eu te dei a vida para que você faça algo de bom com a sua. Viva e seja feliz". Pode ser usado com o pai também. Perceba seu corpo e os efeitos nele agora.

Gosto de utilizar essa dinâmica no consultório com os pais para que percebam o quanto ainda estão envolvidos nas dinâmicas do passado.

Podemos fazer o exercício falando para os nossos filhos. Volte na linha do tempo, imagine-se no presente, na posição dos pais e fale as frases para seus filhos. Faça primeiro com as frases de cima. Pare, respire e, depois, faça falando as de baixo. Perceba e sinta os efeitos no seu corpo.

Quando assumi a responsabilidade pela minha vida e tomei as rédeas como adulta, minha filha ficou curada. Não foi um passe de mágica, foi um caminho de desbravamento do ser filha, mulher, esposa e mãe – nessa ordem – pois é nessa ordem que o meu autoconhecimento se organiza. O que foi acontecendo comigo, como ajo e reajo diante das situações nesses papéis influenciam nos resultados no meu presente e futuro.

Lembro-me do dia em que minha filha, após um ano e meio de tratamento psiquiátrico, recebeu alta total e a médica psiquiatra me parabenizou por sermos pais responsáveis e comprometidos no tratamento clínico e comentou que a recuperação e o resultado, pela sua experiência profissional, havia sido muito rápido. E eu respondi: — peça para os pais de seus pacientes buscarem a cura em si mesmos que potencializará a cura dos filhos.

Hoje meu filho tem 21 anos e minha filha, 12, e gosto de dizer que minha casa é um laboratório e que nela faço os testes e observo os resultados. Se os resultados são favoráveis, continuo; se não são, paro, penso e busco ouvir e pensar em estratégias diferentes

No processo de autoconhecimento, descobrimos por meio das nossas dificuldades ou de situações conflituosas, o que estamos precisando reabastecer. Nossos filhos e as pessoas da nossa convivência podem ser denunciadores ou sinalizadores de que precisamos olhar para nós mesmos. No meu caso, com o processo da minha filha, meu relacionamento com meu esposo também passou por transformações. A relação entre pai e mãe, a dinâmica existente entre o casal interfere muitíssimo no comportamento dos filhos. Eles aprendem com os pais sobre o relacionamento entre marido e mulher, respeito, carinho, presenciando as cenas da nossa vida. Assistindo de camarote ao nosso ser pessoa diariamente, assistindo as nossas atitudes e aos nossos comportamentos; e, assim, eles aprendem.

Pais em construção

Coloque-se, como pais, no lugar de aprendizes. Aprendiz de ser pai e/ou mãe. Aprendiz da vida. Um observador de si mesmo para compreender-se melhor, aceitar-se melhor, amar-se mais, cuidar-se mais e, assim, encher seu copo com conteúdo de alta qualidade. Encher-se a ponto de transbordar. Você terá o suficiente para si e para distribuir para os outros. Quando somos adultos, somos responsáveis pelo próprio reabastecimento.

No processo de cura da minha filha, a maior cura foi a minha. Busquei primeiro aceitar minhas sombras e necessidades não atendidas, que se transformaram em traumas e frustrações. Identifiquei, questionei, duvidei, briguei, tentei justificar e negar, mas foi reconhecendo as minhas fraquezas e vulnerabilidades que consegui trabalhar minha autoaceitação, minha autoconfiança, minha autoestima, minha autocompaixão e minha luz interior — por meio da minha própria história vista nas várias técnicas terapêuticas. Vivi novas experiências, senti novas sensações, vi a mesma situação de outra forma. Tudo isso por meio de terapia convencional, constelação familiar, *thetahealing*, contoterapia, microfisioterapia, programação neurolinguística e outras vivências. Hoje vivo um caso de amor comigo mesma; depois, com meu marido; depois, com meus filhos. Nessa ordem, sem questionar. Vou fechar deixando um conto que ouvi na minha formação em Constelação Sistêmica.

Um discípulo procurou um mestre lá no alto da montanha, a fim de aprender todos os ensinamentos do mestre. O mestre todos os dias se colocava a ensinar ao discípulo tudo o que sabia e fazia, com seu cachorro, seu fiel companheiro.

Um dia, ao entardecer, voltando os três para casa e se colocando em frente da lareira para descansar do dia, o cachorro põe-se a chorar. O mestre continuou seus ensinamentos ao discípulo como se nada fosse. O discípulo, agoniado com o choro do cachorro, foi verificar o que houve. Percebeu que em uma de suas patas tinha um belo de um espinho enterrado. E o discípulo, prontamente, se ofereceu para tirar o espinho. O mestre o repreendeu e disse, sente-se e aguarde. E o mestre continuou a falar com o discípulo e o cachorro a chorar. O discípulo, irritado com o mestre, já foi falando:

— Sinto-me decepcionado em ver que o senhor não se comove com a dor do seu cão.

E o mestre prontamente lhe respondeu:

— Quando a dor for insuportável, ele mesmo dará um jeito de tirar.

Queridos pais, todos somos seres humanos com os recursos necessários para nos desenvolvermos. Encontre em si suas potencialidades e seu filho usufruirá do prazer de conviver e aprender com você, e você com ele.

E o aprendizado parou por aqui? Claro que não. Somos eternos aprendizes de sermos filhos, sermos pais e, o mais importante, sermos nós mesmos. Encontre-se e viva uma linda história de amor consigo mesmo!

18

A PARENTALIDADE ATRAVÉS DOS TEMPOS

Este capítulo contém uma breve história da família e do patriarcado, com intuito de ampliar a compreensão atual sobre a parentalidade. Apresenta, ainda, o conceito de transgeracionalidade para explicar nossa tendência de seguir os padrões sociais e culturais vigentes, passando-os de geração para geração. Traz também o autoconhecimento e a educação parental como ferramentas de transformação social e educacional.

DENISE RODRIGUES E NAYARA ALCANFOR

Denise Rodrigues

Sou formada em Pedagogia, pela Unicamp, e venho atuando na área de educação desde antes dessa formação. Nessa trajetória, busquei conhecimento sobre a infância e a adolescência, cursei pós-graduação em Psicopedagogia, Altas Habilidades, Educação Parental e especialização em Educação Parental e Inteligência Emocional. Atuo no setor particular como especialista em altas habilidades superdotação e educadora parental. Diante de todas as dores que vi e vivi no decorrer dessa minha trajetória na área educacional e familiar, apaixonei-me pela educação parental, pois percebi que o modo como educamos nossos filhos é determinante na formação da personalidade, no desenvolvimento da autoestima e em como nossos filhos vão lidar com seus potenciais e talentos. Sou uma eterna buscadora, apaixonada pela transformação por meio da educação.

Contatos
denisesrodrigues@uol.com.br
Instagram: @deniserodrigues.ahsd

Nayara Alcanfor

Cursei Psicologia na PUC-GO em 2005 e, de lá para cá, fui construindo meu modelo de ver e cuidar da dor do outro. Nessa trajetória, cursei especialização em Neuropsicologia, especialização em Terapia Cognitivo-comportamental para atendimento de crianças e adolescentes e mestrado em Psicologia Clínica e Cultura (UnB). Na busca por enxergar o outro com mais empatia, melhorar minha própria maternidade e construir novas alternativas, conheci a orientação parental e encantei-me. Então, fiz a Certificação para Atuação Consciente na Adolescência e, em breve, concluirei a pós-graduação em Educação Parental e Inteligência Emocional. Atualmente, dedico-me à psicoterapia, com pacientes em todas as fases da vida, no sistema público e privado. Acredito que o cuidar é uma ferramenta transformadora e me sinto feliz e honrada por participar de mudanças positivas.

Contato
nayalcanfor@gmail.com

Sou o intervalo entre o meu desejo e aquilo que os desejos dos outros fizeram de mim.
ÁLVARO DE CAMPOS

Toda história faz mais sentido quando começa do início e, como todo livro conta algum tipo de história, comecemos pelo princípio, pois não há como falarmos de parentalidade sem entender como a instituição família se comportou ao longo dos séculos.

A educação é um componente cultural fundamental que ao mesmo tempo produz e resulta de fatores econômicos e sociais. Qualquer mudança cultural é também um processo de adaptação equivalente à seleção natural, ou seja, aqueles que melhor se adaptam às regras sociais sobrevivem, daí nossa tendência a seguir os padrões sociais vigentes, inclusive passando-os de geração em geração, através da transgeracionalidade, conceito que será melhor abordado mais adiante.

As famílias surgem logo no início da humanidade, espontaneamente, pelo simples desenvolvimento da vida humana. Estruturavam-se como famílias grupais, em que homens e mulheres se relacionavam com todos dentro do grupo e, portanto, só se conhecia a linhagem materna. Todas as mulheres eram responsáveis pelos cuidados das crianças pequenas e, a partir de certa idade, os meninos acompanhavam os homens para aprenderem as atribuições masculinas. Não havia hierarquia e o conceito de cooperação era adotado, tanto para os bens materiais quanto para a responsabilidade pela transmissão de conhecimento e sobrevivência dos membros da tribo.

Todas as mudanças culturais que se sucedem a partir daqui são influenciadas pelas descobertas tecnológicas do homem, pela nova organização da economia e dos meios de produção, o que também modifica a estrutura da família. Na pré-história, a possibilidade de acumular o excedente de produção, viver de forma sedentária e a descoberta do papel do homem na fecundação da mulher desperta a possibilidade de o homem conhecer quais eram seus filhos e, assim, transmitir sua herança. Surge aqui a ideia de controle da sexualidade feminina como forma de limitação das mulheres às tarefas específicas e garantia da linhagem paterna.

Posteriormente, a sociedade se organiza em grandes civilizações e surge o Estado, com governos absolutistas e autoritários, formando sociedades tradicionalistas e resistentes às mudanças, e a família fez exatamente o mesmo movimento. O conhecimento também passa a ser uma forma de poder, e poucos tinham acesso aos mestres e escolas. O casamento ganhou *status* jurídico e social e delimitou a exclusividade da atividade sexual da mulher a seu marido. O objetivo do casamento era ter filhos, de preferência homens, e filhos que sobrevivessem, pois o foco era a transmissão dos bens e do nome da família. Na Roma da Antiguidade, a vida da criança dependia totalmente do desejo do pai: quando a criança nascia com alguma deficiência, se fosse menina ou se o pai não a reconhecesse como sua filha, eram permitidos o infanticídio, a doação da criança a alguém ou, até mesmo, criá-la como escrava. As crianças eram apenas mais um entre todos, não havia divisão clara entre elas, um adulto ou um idoso. Nasce, assim, a família patriarcal, na qual o homem era detentor do pátrio poder, decidia sobre a religião, as tarefas, os direitos e até sobre vida ou morte de seus familiares.

Já na Idade Média, a forte tradição cristã trouxe para as famílias a ideia de que as crianças estavam ligadas à pureza e à santidade, mas como nasciam do pecado, tinham que receber uma educação rígida e doutrinária para que não se tornassem más e os castigos físicos eram o melhor método educativo. Os mosteiros passaram a acolher os bebês rejeitados, que antes eram mortos, abandonados nas ruas ou nos prostíbulos. Nessa época, as condições gerais de higiene e saúde eram extremante precárias, o que tornava o índice de mortalidade infantil muito alto. Como consequência, os pais investiam pouco afeto, tempo e esforço nos cuidados com os filhos, já que tinham grande probabilidade de morrerem. As crianças que sobreviviam não eram vistas em suas necessidades, pelo contrário, eram tratadas como adultos em miniatura, usavam as mesmas roupas que eles e até participavam de festas e contextos sexuais. Devido às ideias trazidas pela igreja, as crianças até os sete anos eram reconhecidas como diferentes dos adultos, depois eram enviadas a outra família para viver e aprender um ofício, pois só quando conseguisse fazer coisas semelhantes aos adultos conseguiria uma identidade própria.

Mais tarde, na Idade Moderna, o pensamento religioso que ditava as normas sociais foi contestado pela razão e pela ciência. As crianças começaram a ser vistas como seres sociais e com papel relevante na família. Cientistas passaram a afirmar que a mente infantil era diferente da do adulto, ela era imatura, como se fosse um papel em branco; aos pais, foi colocado o dever de apoiar e disciplinar a criança. Assim, as classes dominantes dedicavam parte do tempo ao convívio familiar, momento em que o afeto e a amabilidade começam a ganhar espaço. A outra parte do dia era destinada à educação por tutores primeiro e, posteriormente, pela escola, com foco nas funções e encargos adultos, além do ensino da moral e da religião. Por outro lado, a Revolução Industrial e o crescente interesse por mão de obra arrastaram as crianças pobres para o trabalho barato ou sem merecimento de salário, castigos corporais e privação cultural. Nesse período, também começa oficialmente a história do Brasil e os jesuítas tiveram papel preponderante no modo de educar disseminado na nossa cultura, pois tinham como missão catequizar as crianças indígenas, negras e, posteriormente, as classes pobres do país. Tal tarefa tinha o potencial de formar súditos dóceis para a coroa portuguesa e os métodos jesuíticos utilizavam ensinamentos rígidos, com a adoção de castigos físicos severos como medidas civilizadoras ou educativas.

Finalmente, chegamos à Idade Contemporânea, ou Pós-Moderna, e as famílias estão se reorganizando a partir da consolidação do capitalismo, da disputa das grandes potências por matérias-primas e mercados consumidores, da invenção e popularização da internet e dos *smartphones*. Nossa sociedade passou de agrária para industrializada; quando baseada na agricultura, a estrutura das famílias era extensa, conviviam até quatro gerações e ainda se contava com a presença de parentes laterais e outros agregados. Todos, de alguma forma, participavam da educação das crianças. Já a família típica da sociedade industrial é a família nuclear, composta de um casal e poucos filhos, quando existem.

Nessa fase histórica, mas principalmente a partir do século XX, vários estudos sobre o desenvolvimento infantil, o cérebro humano e o impacto das vivências infantis na vida adulta surgem e formalizam o conceito de infância atualmente aceito. Um importante teórico dessa época foi Freud, que apresentou sua teoria, pioneira e revolucionária, contendo a noção de que as vivências da infância e as marcas do modo infantil de encarar os desafios da existência não desaparecem com o passar do tempo, pelo contrário, tornam-se fontes dos problemas emocionais na vida adulta. Outros autores, como Winnicott, ampliaram a necessidade de proteção do bebê e da criança, daquilo que ela ainda não pode entender, respeitando o grau de amadurecimento, para evitar a formação de traumas. Algumas teorias do desenvolvimento passaram a afirmar que as crianças não estão preparadas para enfrentar problemas de adultos e a presença de comportamentos extremamente obedientes e compreensivos já seria um sinal de adoecimento, tendo a criança abandonado sua espontaneidade e adotado uma máscara.

Todo olhar social se voltou com mais ênfase para infância, inclusive o capitalismo, que inaugurou conotações infantis para algumas datas comemorativas, por exemplo. Também se consolida a preocupação do Estado com o bem-estar e a educação das crianças e adolescentes. Entretanto, a criança só passou a ser considerada sujeito de direito, e não objeto de direito, com a constituição de 1988 e, em seguida, o Estatuto da Criança e do Adolescente avigora a cidadania dos sujeitos em desenvolvimento. Ainda não temos um desfecho para esse período, e sim muito trabalho para construir uma infância menos pautada nas tradições de outras épocas e mais caracterizada por aquilo que estamos vivenciando e aprendendo.

Então, família é uma criação natural ou cultural?

Digamos que os dois, a origem e a necessidade de apoio são naturais, porém os conceitos e narrativas são sociais. As famílias vão se adaptando às mudanças no ambiente e se reorganizando para a própria defesa. Elas são um sistema vivo e os fatores que impõem a necessidade de rearranjos são diversos, como crenças tradicionais daquilo que é certo ou verdadeiro, leis que codificam o estado natural, mudanças culturais que impõem novas necessidades e normativas impostas pela autoridade do Estado. Para alcançarmos uma boa adaptação a tantas mudanças, é preciso inserir o sistema vivo família dentro de atitudes focadas na aceitação dos seus membros, na individualidade de cada um e na cooperação, para, assim, voltar a viver de forma natural, com responsabilidade e liderança, como seres capazes de aprender, cooperar, ter um comportamento ético, errar e refletir sobre os erros, culminando em relacionamentos mais saudáveis.

Se pararmos e observarmos a nossa volta, na nossa rotina diária e nas histórias que ouvimos, veremos que o passado está tão presente quanto as conquistas atuais. Por exemplo, a frequente queixa feminina sobre a pouca participação dos homens nos cuidados com as crianças e tarefas domésticas. Na maioria das vezes, os homens não percebem tais tarefas como sendo de responsabilidade comum ao casal (o que poderia diminuir a sobrecarga materna), tampouco como necessárias para a consolidação de uma relação íntima com os filhos, pois é preciso estar disponível e atuante no mundo infantil para que a intimidade ocorra, porém, em alguns lares, essas tarefas ainda não são vistas como "tarefas para homens". Outros exemplos são as práticas e crenças parentais que associam castigo físico a "cortar o mal pela raiz" ou brigar quando a criança "foi desastrada ou não prestou atenção", negligenciando a falta de coordenação motora típica da idade, ou ainda, desconsiderar a opinião de uma criança pois "criança não é gente", "criança não pensa", entre tantos outros jargões que ouvimos por aí.

Da mesma forma que a cultura do patriarcado nos moldes que vivenciamos foi construída ao longo do tempo, ela pode ser modificada, a partir de mudanças do contexto atual, porém, mudar um padrão secular não é tarefa fácil, o que recai sobre os pais da atualidade como um grande desafio. É visível a importância de redefinirmos alguns pontos estruturais das famílias. Mesmo sabendo disso, ainda reproduzimos com nossos filhos o que aprendemos com nossos pais quando nos educaram. Esse movimento chama-se transgeracionalidade. Segundo Falcke & Wagner (2005), a transgeracionalidade consiste nos processos transmitidos de uma geração a outra, mantendo-se presentes ao longo da história familiar. Assim, diz respeito a padrões relacionais que se repetem, ainda que as pessoas envolvidas não percebam.

Você já se pegou repetindo com seus filhos algo que sua mãe ou seu pai fazia e você dizia que nunca iria fazer?

Muitas de nossas escolhas são pautadas na educação que tivemos e no meio em que vivemos, principalmente, na infância. Nossos pais são nossos modelos, por isso, desde a infância, aprendemos a nos comportar como eles: somos espelhos de nossos pais.

Cada família é única e essa dinâmica e conjunto de comportamentos diante de valores e relacionamentos podem ser passados de geração em geração, consciente ou inconscientemente, tendo origem, muitas vezes, em nossos antepassados. É muito difícil sabermos por que e onde iniciamos um padrão.

Muitas vezes, não temos outros exemplos de comportamento dentro da moral, ética e valores que fazem parte de nós, então, repetimos o comportamento de nossos pais, pois outras ações, mudando o padrão, traziam outras consequências e nem sempre é fácil sair da zona de conforto.

Repetir o modelo de nossos pais pode ser também uma forma de nos sentirmos conectados e amados por eles. Mudar padrões gera medo, muitas vezes inconsciente, de sofrermos rejeição dos nossos pais e perdermos seu amor, além de gerar um sentimento de inadequação por não perpetuar o sistema preestabelecido.

Pais em construção

Você já se perguntou:
O que de seus pais existe dentro de você?
Sobre qual alicerce você está construindo a identidade da sua família? Do seu filho?

Somos indivíduos únicos, com características próprias e, quando permitimos nos conhecer, percebemos que podemos fazer diferente. Encontramos força e razão para romper padrões e paradigmas que já não cabem mais na nossa vida. Não precisamos julgar ninguém. Cada um é o que é e faz o melhor que pode com os conhecimentos que tem. Não é necessário rompermos com nossos pais. Só precisamos seguir nossos passos, pensar e nos permitir fazer diferente, se quisermos, livres das amarras e dos padrões, respeitando nossos limites, valores e princípios. Autoconhecimento é a palavra para a diferença. O que é importante para mim? Por que é importante para mim? Qual o valor que faz isso ser importante? De onde vem esse valor?

Saber da história social tem potencial libertador, pois uma visão ampla de nossas raízes ajuda nos projetos de futuro. Além disso, a nossa história familiar é alicerce da construção da nossa identidade e faz parte do autoconhecimento, que pode nos transformar, uma vez que clareia como os acontecimentos externos nos constitui internamente. A Educação Parental é uma grande aliada nessa jornada de descobertas, sonhos e planejamentos. Somada ao conhecimento histórico, descobertas da neurociência, coragem para divulgar e implementar os novos parâmetros, ajudará homens, mulheres e crianças a quebrarem o padrão de transgeracionalidade automática.

Qual a história da sua família? Qual o legado que você quer deixar para seus filhos passarem adiante para as futuras gerações?

AMBIENTE FAMILIAR

19

A INFLUÊNCIA DO AMBIENTE FAMILIAR NO DESENVOLVIMENTO EMOCIONAL DA CRIANÇA

Este capítulo é um convite à reflexão sobre como a forma de relacionamento que se estabelece dentro da dinâmica familiar pode influenciar, positiva ou negativamente, seu funcionamento como um todo, de maneira a impactar ou comprometer o bem-estar físico, social, emocional e psicológico de cada membro, bem como a qualidade dos relacionamentos familiares em geral. Esperamos que este conteúdo possa trazer luz onde houver sombras e contribua para a construção de relacionamentos com laços fortalecidos para uma convivência cada vez mais harmoniosa, saudável e feliz.

FÁTIMA CHAVES E WALDYANE ZANCA COUTINHO

Fátima Chaves

Psicóloga clínica (CRP 09/000514) graduada em 1984 (PUC-GO). Pós-graduada em Psicopedagogia (PUC-GO), Psicopatologia clínica (UNIP) e Educação parental e inteligência emocional pela Academia Parente Brasil. Psicanalista; analista de perfil comportamental; orientadora vocacional e de carreira; *master coach* certificada pela Febracis (Federação Brasileira de Coaching Integral Sistêmico) e pela AIC (Academia Internacional de Coaching); facilitadora do programa Encorajando pais. Atua como psicóloga clínica e educadora parental. Realiza atendimentos on-line e presenciais para adultos, orientação familiar, palestras, *workshops*, grupos de estudo e treinamentos. Ministrante oficial dos livros *Educar, amar e dar limites*; *Decifre e fortaleça seu filho*; *O poder da ação*; *Foco na prática*; *Poder e alta performance* e *O poder da autorresponsabilidade*. Coautora dos e-books: *Encorajando pais – crianças de 7 a 12 anos*; e *Encorajando pais - Um olhar para a parentalidade e a educação das crianças*. Coautora do livro digital *A arte de maternar* e do livro *Encorajando pais – práticas para educar crianças e adolescentes confiantes e capazes*. Vol.I.

Contatos
fatimachaves.pcis@hotmail.com
Instagram: fatimachaves.pcis
Facebook: Fatima Chaves
62 98167 3780

Waldyane Zanca Coutinho

Educadora parental, analista de perfil comportamental e graduanda em Psicopedagogia. Tem formação internacional em *Coaching* Integral Sistêmico pela Febracis. Especialista em Educação Parental e Inteligência Emocional, Performance Familiar e em *Coaching* Escolar pela Parent Coaching Brasil. Realiza atendimentos presenciais e on-line, proporcionando um suporte personalizado e acessível. É ministrante oficial dos livros *Educar, amar e dar limites*, *O poder da ação* e *Decifre e fortaleça seu filho*. Autora dos e-books *Como fortalecer a identidade do seu filho*, *Pais em formação* e *Relacionamento entre pais e filhos*. Coautora dos livros *Desenvolvendo pais, fortalecendo filhos* e *Educação e afeto*.

Contatos
waldyanezanca@gmail.com
Instagram: @walzancacoachmentora
71 99961 2050

A importância da família

A família é um grupo de pessoas que estão juntas por laços sanguíneos ou por afinidade. É o lugar no qual as pessoas precisam crescer com amor, cuidado e proteção. É na família que os filhos têm as primeiras relações afetivas, adquirem habilidades, valores e princípios para o seu desenvolvimento.

De acordo com Cunha (2013):

> ...a família é um grupo cultural. É ela que, através da sua estruturação psíquica, possibilita ao homem estabelecer-se como sujeito e desenvolver relações com a sociedade. A família não se constitui apenas por um homem, uma mulher e filhos. Antes disso, ela é uma estrutura onde cada membro ocupa um lugar e uma função. É dessas funções e desses lugares que dependem a nossa estruturação psíquica e a nossa formação como sujeitos.

É importante frisar que uma família é uma questão social que pode sofrer mudanças e englobar diferentes modelos familiares. Uma família se constrói por laços afetivos, compromisso, apoio, solidariedade; e esses fatores são muito mais relevantes do que a questão de estarem casados ou não, ou ainda, se são pessoas de gêneros diferentes ou não.

Segundo Cunha (2013):

> (...) este é um tempo de muitas mudanças, em todos os segmentos da sociedade, e a estrutura familiar tem sido profundamente afetada com o impacto dessas mudanças na vida pessoal e profissional dos indivíduos.

É na família que as funções de socialização são desenvolvidas, além do desenvolvimento da afetividade e da transmissão de valores, na fixação de formas de comportamentos e na satisfação das necessidades básicas dos seres humanos.

De acordo com Wagner (2014), "as relações estabelecidas com a família na qual se nasce são as mais importantes da vida, e vão representar a base do comportamento futuro".

E segundo Conrado (2014), "a família continua sendo a base da sociedade, de modo que é ela que tem o compromisso da formação inicial do comportamento do seu filho".

Assim, os pais precisam ser o exemplo para a educação dos filhos; e a forma como se expressam, por meio das palavras e, principalmente, pelas atitudes, pode impactar de forma positiva ou negativa; e assim potencializar ou limitar o aprendizado cognitivo, físico, social e emocional de seus filhos.

Porém, esse resultado depende da conexão, interação e predisposição dos pais para educar, ensinar e estar 100% presentes na relação com seus filhos que, pela criação de um ambiente acolhedor e respeitoso, possam ajudar as crianças a desenvolverem as habilidades e competências necessárias para se tornarem adultos bem-sucedidos.

Tipos de família

Existem diversos tipos de família, e eles podem ser classificadas em: famílias multiproblemáticas, patológicas, disfuncionais ou adequadas.

Os três primeiros tipos são famílias que enfrentam vários problemas que podem ser de natureza física, psicológica, emocional ou financeira. Na maioria dos casos, essas famílias têm dificuldade em se comunicar e na resolução de conflitos de forma mais saudável, o que pode gerar outros problemas, como o de relacionamento, comportamento e saúde.

Já as famílias denominadas adequadas são aquelas que conseguem construir um ambiente harmônico e amoroso, se comunicam de forma respeitosa, criam um ambiente seguro e acolhedor para todos, aprendem e ensinam habilidades e competências para o crescimento de uma família saudável e feliz.

É importante lembrar que todas as famílias enfrentam desafios em algum momento e que nem sempre é fácil categorizá-las. Cada família é única, por isso cada uma tem as próprias características e formas específicas para enfrentar seus desafios.

A importância do ambiente e clima familiar

A falta de tempo é um dos problemas que muito tem afetado essa geração. Nós, pais, não estamos tendo disponibilidade para cuidar e dar atenção para nossos filhos devido às inúmeras tarefas e responsabilidades que priorizamos. Assim, acabamos negligenciando e delegando a responsabilidade para terceiros; e isso se torna um imenso risco quando o assunto é a educação e a segurança de nossos filhos.

Sabemos que nossa rotina é cheia de afazeres, mas é fundamental estarmos atentos para estabelecermos algumas prioridades necessárias, como:

- Dedicar tempo e atenção para os filhos.
- Ensinar habilidades socioemocionais como respeito, empatia, cooperação, solidariedade e muitas outras.
- Criar momentos para conversas importantes, lazer e diversão.
- Conhecer o que cada um gosta e não gosta.
- Ter curiosidade para saber como foi o dia de cada um.

Esses são alguns pontos dos inúmeros que existem para gerar conexão e interação entre pais e filhos, criando um ambiente favorável para um clima familiar de muita segurança e confiança.

Além do ambiente familiar, existem os parques, os vizinhos, a escola, a casa de parentes e amigos, nos quais os pais têm uma excelente oportunidade de ajudar seus filhos a construírem novos relacionamentos e, se necessário, ensinar a lidarem com as frustrações, as diferenças, a resolver problemas e diversidades que, porventura, surgirem, de forma respeitosa e saudável.

A comunicação familiar

Como uma família pode criar filhos capazes de se relacionar e se comunicar de maneira positiva? Alcançar esse objetivo pode ser uma tarefa desafiadora, porém é uma construção que precisa ser realizada diariamente.

A comunicação é fundamental para a excelência de qualquer relacionamento. É justamente por meio dela que o entendimento e a aproximação entre as pessoas acontece.

Mediante essa colocação, como anda a comunicação com seu filho? Você já observou se, quando seu filho tem um problema, ele corre para você ou corre de você? Se ele corre para você, é excelente sinal de que se tornou o porto seguro no qual ele pode confiar sua vida e expressar suas angústias e conflitos, sem críticas ou julgamentos. Agora, se ele corre de você, é um alerta para que comece a observar como tem se comunicado e, consequentemente, se relacionado com seu filho.

É muito importante que a comunicação comece a ser construída desde a infância, para que seu filho, ao se tornar adolescente, continue a buscar esse ambiente seguro como apoio para as soluções de seus conflitos e não se permita ser influenciado pelos amigos e pelas facilidades oferecidas pelo mundo externo.

E como fazer isso? Todo vínculo familiar se fortalece com amor, afeto, atenção, respeito, empatia, com conversa e escuta, dedicando tempo de qualidade, encorajando a superação dos próprios limites, criando momentos simples e especiais para que seu filho se sinta pertencente, amado e importante para a família e para o mundo.

À medida que o ambiente familiar se torna esse lugar seguro e saudável, é possível perceber os ganhos e o progresso no desenvolvimento de nossas crianças; e cada uma, em sua unicidade, possa construir sua jornada e se tornar adultos prósperos, confiantes e felizes.

E agora, como se conectar, se comunicar e se relacionar?

Para trazer algo prático, iniciaremos falando sobre a diferença entre emoção e sentimento e sua importância para os relacionamentos familiares. Existe um senso comum de que emoções e sentimentos são sinônimos, mas, na realidade, não são. Os estudos científicos mostram que são as emoções que dão origem aos sentimentos.

A emoção é uma reação que acontece no corpo, a partir de um estímulo externo. Diante dessa experiência, o cérebro libera hormônios que alteram o estado emocional e, dependendo da experiência de vida, cada pessoa pode reagir de forma diferente diante da mesma situação.

Já o sentimento é o significado que o cérebro produz para a experiência corporal, fisiológica que a emoção gerou na pessoa; essas reações geradas pelas emoções criam os sentimentos, que podem ser positivos ou negativos.

As emoções fazem parte de todo ser humano, e elas podem ser agradáveis ou desagradáveis, como raiva, tristeza, alegria, medo, nojo e amor. O importante é se permitir sentir e conhecer as sensações, pensamentos e reações físicas que cada uma delas provoca em nosso corpo; considerando que todas merecem atenção, compreensão e acolhimento ao serem sentidas.

Sendo assim, quanto maior o número de experiências os pais vivenciarem com seus filhos, maior será a conexão ou a desconexão que poderá ser gerada na relação entre eles.

E por que trouxemos essa diferenciação? Para que possam entender que toda emoção e todo sentimento são válidos e devem ser respeitados, compreendidos e acolhidos, porém nem todo comportamento é aceitável. E esse pode ser um excelente momento para o adulto ajudar e ensinar a criança a se autorregular, a solucionar problemas, a agir e reagir de forma mais amável e respeitosa.

Por exemplo: você está chegando em casa depois de um dia exaustivo de muito trabalho e estresse e seu filho mais velho (quatro anos) começa a bater e brigar com o irmãozinho (dois anos), porque o irmãozinho pegou o brinquedo preferido dele e os dois começam com a birra, o choro e os gritos por causa do brinquedo.

O que você faria diante dessa situação? Antes de continuar a leitura, pare, reflita e responda, sinceramente, só para você.

Você começaria a gritar, bater, colocar de castigo, retirar privilégios ou aproveitaria o momento para ensinar habilidades socioemocionais que possam contribuir para que seus filhos se tornem adultos emocionalmente saudáveis?

Desafiador, não é mesmo? Talvez, você possa ter pensado na primeira opção, pois, muitas vezes, essa foi a forma que aprendemos a educar, que funciona em curto prazo. Mas o que estamos ensinando com essas atitudes desrespeitosas? Agora, ensinar habilidades socioemocionais, com atitudes gentis e firmes, é trabalhoso, exige tempo, muita paciência e resiliência, porém em longo prazo gera adultos seguros e confiantes.

Por isso, a importância dos pais aprenderem e, depois, ensinarem as crianças que está tudo bem sentir raiva, tristeza, frustração... Mas que bater não é correto. Essa atitude fará toda a diferença para que elas aprendam a autorregular as próprias emoções e a buscarem soluções mais assertivas para resolverem problemas.

A missão de ser pai e mãe é linda, porém desafiadora. Abrir mão de muitos desejos, propósitos de vida, sonhos para se dedicar a educar filhos, exige muita resiliência, disposição e consciência da necessidade de buscar conhecimento e disposição para fazer o que precisar ser feito para criar filhos emocionalmente saudáveis.

Seu pensamento deve estar reverberando algumas dessas frases: quem fala essas coisas não entende que eu não tenho tempo! Não tenho dinheiro! É difícil! Tenho muita coisa para fazer! Depois eu faço! Além de uma imensidão de outras frases que devem estar nesse momento borbulhando em sua mente. Então, queremos perguntar a você: Que adulto você deseja que seu filho se torne quando crescer? Com certeza, que ele se torne uma pessoa carinhosa, amorosa, dedicada, autônoma, confiante, segura, próspera e muito mais.

Uma dica para que você possa ter maior clareza se seu propósito de criar filhos emocionalmente saudáveis está sendo assertivo ou não é começar a observar como está sendo a convivência, o relacionamento entres as pessoas que residem em sua casa. Essa atitude pode ajudar você a perceber alguns pontos que vão servir de alerta para algo que precisa ser feito, porque como está, não está legal, ou pode ser que esteja bom, porém pode ficar ainda melhor.

De uma forma ou de outra, comece aproveitando todos os momentos que vocês estiverem juntos, ou crie, intencionalmente, experiências que vão gerar memórias inesquecíveis em seu filho para que ele se torne o ser humano que você deseja deixar para o mundo.

E não precisa ser nada muito elaborado. O que as crianças desejam é ter e sentir o seu amor, a sua atenção e a sua presença, integralmente, só para elas. Aproveite a hora de dormir, deitar-se na cama com elas, conte uma história da sua infância ou de quando ela era menor, leia um livro infantil, converse sobre o dia de cada um; ou na hora de preparar as refeições, solicite a ajuda delas. Combine com elas um piquenique na praça, andar de bicicleta no final de semana, assistir a um filme, a um jogo ou a um programa que elas gostem, comendo pipoca no sofá ou deitados no chão. Karaokê, jogos de carta, jogo da velha, micareta, queimada. Olhar álbum de fotografias e recordarem os momentos vividos. Brincar de esconde-esconde, pega-pega, amarelinha, queimada, pular corda, pular elástico. Construir cabaninha de lençol, brincar debaixo da mesa...

Existe uma imensidão de atividades que você pode combinar e realizar com seus filhos. Experimente viver, recordar e ensinar a eles as brincadeiras de sua infância e as que seus filhos também já aprenderam com os amigos, na escola; e se surpreenda com os resultados dessas vivências.

São esses momentos simples e significativos que gerarão conexões, proximidade, criarão experiências e memórias inesquecíveis e farão com que os filhos se sintam, verdadeiramente, amados, importantes e pertencentes – necessidades básicas fundamentais para a construção de um ser humano emocionalmente saudável, confiante e próspero.

Agora, o que você acha de criar, combinar e viver com a família momentos que nutram experiências que possam marcar positivamente a relação de vocês e ainda gerar lembranças e recordações alegres e felizes para a vida toda? Lembrando, também, que momentos de estresse podem surgir e se tornarem excelentes oportunidades para promover conexão e aprendizagem dentro da dinâmica familiar.

Esperamos que a mensagem deste capítulo possa, de alguma forma, contribuir na sua vida, na vida da sua família e na vida de milhões de famílias, pois, embora a jornada parental seja desafiadora, investir no relacionamento é fundamental para manter o equilíbrio e inspirar os filhos, pelo exemplo, a viverem uma vida que vale a pena ser vivida.

Referências

CONRADO, R. M. O. *Preservando a infância para um mundo melhor: a arte de educar e a importância dos cuidados necessários na vida infantil.* São Paulo: Paulus, 2014.

CUNHA, I. L. G. *Família: lugar de refúgio ou campo de batalha?* Rio de Janeiro: Central Gospel, 2013.

WAGNER, A. *Como se perpetua a família? A transmissão dos modelos familiares.* Porto Alegre: Edipucrs, 2014.

20

SAÚDE MENTAL E A FAMÍLIA
SUPRINDO E REPARANDO NECESSIDADES EMOCIONAIS CENTRAIS NÃO ATENDIDAS

Na jornada da vida, identificar quais foram nossas necessidades não supridas, quais feridas ainda nos incomodam, assim como entender a maneira na qual o não atendimento dessas necessidades impactou nossa história e como pode impactar o desenvolvimento de nossos filhos, é capaz nos libertar de padrões automáticos de repetição dos comportamentos de nossos pais; e ainda poupar nossos filhos de sentimentos tão difíceis. Cuidar da saúde mental dos nossos filhos é olhar atentamente de onde viemos e para onde queremos ir.

FLAVIA MUNIZ MENEZES

Flavia Muniz Menezes

Mãe do Pedro e da Fernanda. Psicóloga clínica e educacional, especializada em terapia cognitivo-comportamental e formação em terapia dos esquemas. Especializada em educação e reeducação psicomotora pela Universidade do Estado do Rio de Janeiro. Especialização em psicologia escolar e educacional. Idealizadora e coordenadora do projeto Olhar Psi na Escola, na Secretaria Municipal de Educação de Armação dos Búzios. Atua com atendimento clínico de crianças, adolescentes e adultos, além de prestar consultoria em orientação de pais, com ênfase no desenvolvimento da parentalidade e desenvolvimento infantil.

Contatos
flaviasmunizmenezes@gmail.com
Instagram: psiflaviamuniz
22 99737 4198
22 98815 5557

> *Todo jardim começa com um sonho de amor. Antes que qualquer árvore seja plantada ou qualquer lago seja construído, é preciso que as árvores e os lagos tenham nascido dentro da alma. Quem não tem jardins por dentro, não planta jardins por fora e nem passeia por eles...*
> RUBEM ALVES

A criança e o adolescente estão em pleno desenvolvimento e aprendem muito com o que vivenciam, sentem, experimentam e com os modelos que os cercam. Tendo um impacto ainda maior quando essa modelação acontece nas relações com suas figuras de referência, pai, mãe e cuidadores. A forma como essas figuras exercem a parentalidade e todas essas interrelações vão moldando e ajudando a construir e estruturar padrões de funcionamento ao longo da trajetória.

São muitos os elementos que nos atravessam por toda a vida. O modo como experienciamos e compreendemos nossa história, a maneira como vivemos, como nossos pais se relacionavam enquanto casal, como eles nos tratavam, se conseguiam ou não expressar afeto. Todos esses fatores vão norteando nossa construção.

A terapia do esquema, uma linha terapêutica, abordagem que pertence às terapias cognitivas, dá atenção às memórias afetivas, em especial, a emoções que remetem a situações vividas na infância e adolescência. Experiências prévias, em que as necessidades emocionais centrais ou básicas não foram devidamente atendidas. Ela integra e relaciona aspectos da história vivida pelo sujeito, seu temperamento e se essas necessidades básicas foram supridas com o desenvolvimento de possíveis esquemas desadaptativos.

Os esquemas vão influenciando em quais dados vamos focar, as informações que serão mais relevantes, as que vamos descartar. Qual sentido vamos atribuir às coisas. Eles são responsáveis por algumas distorções cognitivas que fazem com que vejamos as situações de uma forma não tão saudável. Exemplo para aquelas pessoas que sempre enxergam tudo pelo lado negativo. Possivelmente, regidas por seus esquemas de negativismo e pessimismo.

Nossas lentes, estruturas a partir das quais vamos formando nossa visão do mundo, visão de si e das relações. Esquemas são como uma fonte de emoções, experiências, vivências, crenças, conceitos, cognições e, também, de comportamentos, que vão reger a forma de enxergar e interagir com o mundo. Consequentemente, vão estabelecendo padrões de respostas diante das situações em nossos relacionamentos.

Se nos sentimos negligenciados, abandonados, maltratados, duramente criticados, invalidados em nossos sentimentos, calados, excluídos, superprotegidos, os esquemas desadaptativos podem se formar como representações do ambiente em que a criança/adolescente vive. Uma tentativa falha em lidar com a não satisfação das necessidades.

Abandono e instabilidade	Arrogo e grandiosidade
Desconfiança e abuso	Autodisciplina e autocontrole insuficiente
Privação emocional	Autossacrifício
Defectividade e vergonha	Subjugação
Isolamento social	Busca por aprovação e reconhecimento
Dependência e incompetência	Inibição emocional
Vulnerabilidade a dano e à doença	Padrões inflexíveis
Emaranhamento e *self* subdesenvolvido	Postura punitiva
Fracasso	Negativismo e pessimismo

Esquemas iniciais desadaptativos (YOUNG, 2008)

Diversos estudos investigam a relação de transtornos depressivos ou ansiosos, por exemplo, com os esquemas desadaptativos. A terapia do esquema destaca essa importante influência na formação de psicopatologias (REIS, 2019). O que torna o conhecimento sobre as necessidades emocionais centrais um valioso componente para auxiliar as famílias a trabalharem e desenvolverem sua parentalidade de forma preventiva, em prol da saúde mental de seus filhos.

Todos nós nascemos com necessidades emocionais centrais, que precisam ser atendidas ao longo do nosso desenvolvimento, como:

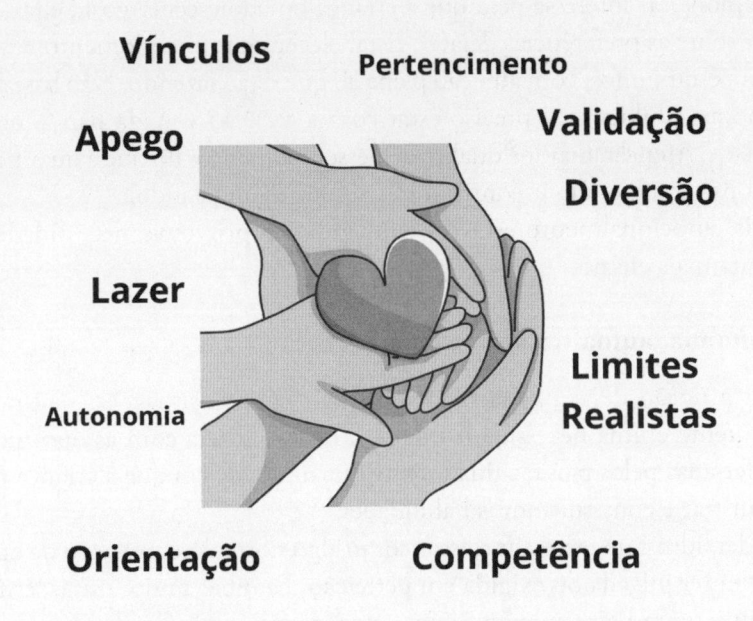

Vínculos **Pertencimento**
Apego **Validação**
Diversão
Lazer
Limites Realistas
Autonomia
Orientação **Competência**

A compreensão de quais são as necessidades e como supri-las pode representar um grande salto na qualidade do desenvolvimento do repertório emocional, cognitivo e comportamental na vida dos nossos filhos, proporcionando a constituição de relações mais saudáveis, trabalhando com o possível do outro e com o possível em nós. Assegurando um lugar de acolhimento e aceitação para nossas dificuldades e imperfeições, e um lugar de confiança, tranquilidade e pertencimento para nossos filhos.

Suprindo e reparando necessidades não atendidas

Vínculos seguros, apego e pertencimento

Os vínculos seguros nos permitem sentir que estamos ligados aos outros de forma duradoura e estável. Um ambiente familiar que inspire confiança e o mínimo de previsibilidade, sem conflitos e brigas em excesso, favorece o desenvolvimento da confiança e pode trazer uma sensação de segurança.

É muito importante para a estruturação psíquica a criança possuir ao menos uma figura de referência em quem possa confiar e que lhe promova certa estabilidade, noção de pertencimento, de ser aceita como ela é, de ser amada, cuidada e protegida. Um amor incondicional, livre de julgamentos.

Demonstrar interesse pelo que a criança ou adolescente gosta e faz, conversar sobre as preferências dela(e). Estabelecer na rotina momentos em que possam estar juntos, com atenção plena ao que estão fazendo. Não basta estar no mesmo ambiente, é preciso estar com a atenção voltada para a mesma atividade. Atenção maior à qualidade desses momentos do que a quantidade. Demonstrar afeto, ouvir com atenção ao que estão falando.

Pais emocionalmente estáveis conseguem suprir essas necessidades de maneira mais efetiva.

Autonomia, autoafirmação e competência

Ter a noção de sua capacidade em lidar com as situações, sentindo-se competente é uma necessidade que tem relação direta com as oportunidades ofertadas pelos pais e cuidadores. Oportunidade em que a criança possa demonstrar e construir novas habilidades.

Poder lidar com erros e fracassos como algo normal no processo do aprender, sem ser julgada ou exigida em perfeição. Famílias muito duras, críticas, exigentes, com baixa tolerância aos erros, assim como famílias muito protetoras, que tratam a criança/o adolescente como se fossem mais novos do que são, subestimando a capacidade em lidar com as questões do dia a dia, podem trazer prejuízos ao atendimento dessa necessidade.

A falta de equilíbrio entre proteger/permitir e encorajar os filhos a realizarem suas atividades pode gerar a crença de incapacidade, de não ser bom o suficiente para atender às expectativas dos pais.

Estimular os filhos a serem independentes, dando-lhes tarefas e responsabilidades de acordo com a fase de desenvolvimento; encorajar tentativas; valorizar o processo de aprendizagem, apoiando a escolhas e decisões, quando possível, pode favorecer muito o desenvolvimento de um indivíduo autônomo e mais seguro no reconhecimento de suas habilidades.

Validação, valorização, reconhecimento e expressão das necessidades e emoções

A autoestima, o senso de valor, a percepção do quanto somos aceitos, o quanto podemos ser importantes para o outro, a forma como nos enxergamos são oriundos da sensação de termos sido amados incondicionalmente e respeitados por nossos familiares, na escola e nos lugares os quais frequentamos na infância e na adolescência. Para suprir essa necessidade, é requerido do adulto que o mesmo reconheça que seu filho é um ser diferente dele, autônomo e, portanto, possui as próprias vontades e desejos.

Incentivar que a criança ou adolescente identifique, compreenda e nomeie o que está sentindo, permitindo que emoções, pensamentos e opiniões sejam expressas é uma das formas de suprir ou reparar essa necessidade.

Trabalhar para que o amor incondicional seja percebido que a crítica, a orientação ou a observação sejam feitas sobre o ato, comportamento, e não sobre a criança/o adolescente.

É importante evitar minimizar um sentimento, com frases: isso não foi nada; é feio sentir raiva; não precisa chorar; você está exagerando; engole o choro ou deixe de ser chorão e mimado. A validação do que se sente, do que se pensa, é um dos pilares do senso de valor e possibilidade da construção de uma autoestima saudável ao longo da vida.

Lazer, prazer, diversão e espontaneidade

Momentos de diversão e lazer fazem parte da vida e é importante que os pais possam proporcionar esses momentos de livre expressão e diversão aos seus filhos. Ao se permitir fazer o que gosta, ter momentos para si, de diversão e autocuidado, já são bons indicadores para que as crianças entendam que precisamos equilibrar nosso tempo entre as responsabilidades e o lazer.

Um pai ou mãe que se dedica quase que exclusivamente ao trabalho, ao cumprimento de tarefas, com dedicação exagerada aos outros, sem olhar para as próprias necessidades, pode passar uma mensagem equivocada para seus filhos, fazendo com que eles entendam que descansar ou relaxar não são atividades importantes, ou que não podem ou não merecem usufruir de bons momentos.

Momentos de diversão em família, brincar com os filhos, lançar mão de jogos de tabuleiro, transformar momentos da rotina em algo divertido, preparar um bolo juntos, sentarem todos para degustar, explorar a natureza no jardim, na praia, no parques, na praças, sentar ao chão, na calçada, enquanto o filho corre, rir juntos das situações, dos erros, encarar as situações de forma positiva e utilizar as adversidades como oportunidades de aprendizado podem auxiliar muito a suprir essa necessidade.

Limites realistas, orientação, estrutura e autocontrole

Capacidade de controlar os próprios impulsos, compreender as regras de cada ambiente, disciplinar-se diante de tarefas necessárias, como estudar, fazer atividades escolares, realizar atividades cooperativas em casa, conseguir desenvolver uma rotina saudável, levar em conta as necessidades das outras pessoas.

É importante que os pais ensinem normas e regras sociais, assim como o apoio e um bom manejo para que os filhos consigam lidar com as frustrações que irão surgir. Suprir a necessidade de limites não é dar broncas ou castigos, mas sim orientar, apoiar e auxiliar o direcionamento. Realizar as instruções de forma firme, sem gritar. Ser firme não significa ser rude. Respeitar a idade e o grau de maturidade das crianças, considerando se as regras e suas consequências estão de acordo com o nível de compreensão delas.

Tarefas no dia a dia e brincadeiras envolvendo a arrumação da casa – quem consegue dobrar as roupas mais rápido, guardar os brinquedos no cesto – também podem ajudar. Estabelecer uma rotina estruturada, manter horários de dormir, das refeições, rotinas de estudo. A constância e a consistência são fundamentais para a estruturação desses limites internos.

Colocar limites pode ser muito desconfortável para pais e cuidadores, contudo não os colocar pode provocar ainda mais desconforto futuro, ser ainda mais desastroso. Suprir essa necessidade fundamental tem uma forte ligação com a forma como o filho vai lidar com as frustrações e com sua regulação emocional, ou seja, o quanto será capaz de gerir e regular as próprias emoções, lidando com as situações de forma mais assertiva e funcional.

Conclusão

O fato de percebermos que não tivemos algumas dessas necessidades supridas ou mesmo que não tenhamos conseguido proporcioná-las aos nossos filhos pode trazer angústia. A boa notícia é que podemos repará-las, independentemente da idade de nossas crianças, olhando para além do comportamento, identificando do que precisamos, do que nossos filhos precisam.

O processo de autoconhecimento será fundamental para que se estabeleça uma comunicação mais sensível com os filhos. Revisar as infâncias e suas próprias feridas e necessidades que não foram atendidas. O amor e a autocompaixão trazem uma poderosa resiliência que favorece a organização e o manejo dessas marcas trazidas por cada pai, por cada mãe, por cada um de nós.

Podemos viver a parentalidade como uma potente possibilidade e oportunidade de transformação e de cura dessas feridas, de nossas crianças interiores, reconfigurando os modelos internalizados de família e rompendo com as repetições de padrões disfuncionais. Nossa origem não define nosso destino.

Referências

MENDES, M. A. *A clínica do apego: fundamentos para uma psicoterapia afetiva, relacional e experiencial.* Novo Hamburgo: Sinopsys, 2021.

REIS, A. H. (org.). *Terapia do esquema com crianças e adolescentes: do modelo teórico à prática clínica.* Campo Grande: Episteme, 2019.

SCORTEGAGNA, L. *Baralho interativo de esquemas e modos: psicoeducação e dinâmica relacional com adultos e adolescentes.* Novo Hamburgo: Sinopsys, 2019.

YOUNG, J. E; KLOSKO, J. S. *Reinvente sua vida.* Novo Hamburgo: Sinopsys, 2020.

YOUNG, J. E; KLOSCO, J. S.; WEISHAAR, M. E. *Terapia do esquema: guia de técnicas cognitivo-comportamentais inovadoras.* Porto Alegre: Artmed, 2008.

WAINER, R.; PAIM, K. K.; ERDOS, R.; ANDRIOLA, A. R. *Terapia cognitiva focada em esquemas: integração em psicoterapia.* Porto Alegre: Artmed, 2016.

21

A IMPORTÂNCIA DA EDUCAÇÃO SOCIOEMOCIONAL DENTRO DE CASA

A maioria dos pais deseja que seus filhos se tornem adultos responsáveis, capazes e fortes emocionalmente, mas poucos sabem com clareza como realizar isso. Não existe varinha mágica, mas existe, sim, um caminho para que isso aconteça. Com intencionalidade, paciência e uma boa orientação, é possível conquistar esse feito em casa, usando a educação positiva e consciente.

JULIANA MAYEDA

Juliana Mayeda

Administradora de empresas, graduada pela Universidade Presbiteriana Mackenzie, pós-graduada em Educação Parental e Inteligência Emocional pela Parent Coaching, educadora parental certificada em Disciplina Positiva pela PDA (USA), educadora parental com foco na educação emocional pela Amar e Acolher. Considera que sua melhor escola como profissional da parentalidade é a própria maternidade e a troca de experiências com outras mães.

Contatos
www.julianamayeda.com.br
julianamayeda@gmail.com
Instagram: julianamayedaa

Juliana Mayeda

> *As crianças aprendem mesmo o que vivem.*
> *E depois crescem para viver o que aprenderam.*
> DOROTHY LAW NOLTE

Nossa casa é a primeira e mais importante escola na vida de nossos filhos. São nossas atitudes cotidianas que constroem os padrões familiares que eles transmitirão para suas futuras famílias.

Como pais, exercemos um papel essencial no desenvolvimento de habilidades e competências sociais e emocionais junto aos nossos filhos, ajudando-os a se tornarem indivíduos mais felizes, saudáveis e bem-sucedidos.

Neste capítulo, abordaremos a importância de desenvolvermos habilidades socioemocionais com nossos filhos, sejam eles crianças ou adolescentes, e apresentaremos algumas maneiras práticas de como fazer isso em casa, em situações do nosso dia a dia.

Sobre a educação emocional

Somos de uma geração criada sem permissão para sentir. Aquele que demonstrava seus sentimentos era considerado fraco, os que se descontrolavam, eram considerados loucos.

A pouca educação emocional que existia provinha das interações cotidianas com pais, parentes e nas brincadeiras com os amigos.

Em um mundo cada vez mais acelerado, com mais atividades, mais telas, com menos tempo e menos interação, nossas crianças e jovens apresentam menos habilidades sociais e emocionais, tornando a educação socioemocional cada vez mais necessária.

As habilidades socioemocionais são aquelas relacionadas à capacidade de compreender e gerenciar as emoções, estabelecer relações interpessoais saudáveis, colaborar em grupo, solucionar problemas e tomar decisões assertivas.

Pais em construção

Elas são fundamentais para o desenvolvimento pessoal e social, permitindo que as pessoas se relacionem melhor consigo mesmas e com os outros.

A educação socioemocional é o processo em que aprendemos a pensar, refletir e aplicar conhecimentos, atitudes e competências necessárias ao longo da nossa vida.

Desenvolvemos essas habilidades pelas experiências vividas, crenças desenvolvidas e exemplos que temos. Dessa forma, para que nossos filhos se tornem adultos mais bem preparados e fortes emocionalmente, é necessário construir essas habilidades desde a infância.

Nossa geração não teve nenhum tipo de educação emocional e, tanto a falta de preparo adequado no que tange às emoções quanto ao fato de que muitas experiências de vida que nos proporcionavam esse aprendizado no passado, já não fazem mais parte do cotidiano. Hoje, como pais, temos uma missão desafiadora em relação ao preparo socioemocional dos nossos filhos.

Na época em que éramos crianças, não tínhamos o direito de chorar, "engole o choro", eles diziam. Se nos machucávamos e chorávamos, falavam que não era para chorar, pois a nossa dor não era nada...

Expressar a raiva era proibido. "Que coisa feia uma menina ficar assim tão brava...", "que horror, menino, agindo assim, parece um bicho!". E o medo? "Ah, mas quanta besteira ter medo de escuro e de trovão".

E assim, guardávamos dentro de nós cada sentimento que surgia. Hoje, com tanta coisa guardada, praticamente nos afogamos em nossas emoções, explodimos de raiva devido a motivos muitas vezes banais, por não termos mais como segurar ou mergulhamos em uma depressão profunda, pois não sabemos o que fazer com a tristeza que sentimos.

Somente por volta dos anos 1990, após diversos estudos e obras publicadas sobre o funcionamento das emoções no cérebro, é que essa realidade começou a mudar e a sociedade começou a olhar para as competências que envolvem as emoções e como elas influenciam na vida social do indivíduo.

Estudos comprovam que crianças com preparo emocional têm melhor desempenho acadêmico, são mais saudáveis e sociáveis, além de estarem mais preparadas para lidarem com as emoções, terem mais empatia e mais facilidade em solucionar conflitos.

Ou seja, precisamos naturalizar e incluir a educação emocional na nossa realidade e, principalmente, dentro da nossa casa.

Alfabetização emocional

> *A alfabetização é mais, muito mais do que ler e escrever.*
> *É a habilidade de ler o mundo.*
> PAULO FREIRE

Ser alfabetizado emocionalmente é tão importante na vida de um indivíduo quanto saber ler, escrever e somar. Saber nomear e identificar o que sente, controlar a raiva, perceber a expressão do outro e enfrentar desafios são algumas das competências de uma pessoa emocionalmente alfabetizada.

Como inserir as emoções na vida social é a principal função da alfabetização emocional e, para isso, precisamos antes entender os conceitos de emoções e sentimentos, além de conhecer um pouco sobre o funcionamento do cérebro.

O que são e para que servem as emoções?

Segundo Daniel Goleman, em seu livro *Inteligência emocional*, todas as emoções são, em sua essência, impulsos.

Trata-se de uma resposta imediata do cérebro a um estímulo que percebemos por meio de um de nossos sentidos. Em outras palavras, sempre que uma emoção é sentida, está implícita uma ação imediata do nosso corpo.

Cada uma de nossas emoções tem uma função e ação específicas, conforme pode ser observado a seguir, em uma síntese sobre as emoções básicas.

O **medo** tem como função preservar a nossa vida. Quando sentimos medo, o cérebro é ativado, colocando o corpo em alerta, calculando a melhor resposta a ser dada, seja essa paralisar ou partir para o ataque, com a intenção de nos proteger.

A **raiva** surge para nos preparar para o ataque diante de uma ameaça, ocorrendo no cérebro uma inundação hormonal que nos faz agir de maneira agressiva e impulsiva e, devido a essa inundação, paramos de raciocinar de forma clara.

Quando a **alegria** chega, nosso organismo se prepara para agir, surge uma vontade de querer fazer acontecer. Ela ativa áreas no cérebro responsáveis pelo estado de ânimo, nos dá disposição e nos mantém sociáveis.

O **nojo** também tem a função de nos proteger. Quando sentimos nojo, o cérebro começa a ativar mecanismos de defesa e proteção. Originalmente, sua função era rejeitar estímulos que pudessem provocar intoxicação, evitando qualquer ingestão danosa para o corpo. Com o tempo, essa emoção desenvolveu um caráter social de rejeitar os estímulos sociais tóxicos, com o intuito de nos preservar.

A **tristeza** serve para refletirmos. Quando ficamos tristes, há uma diminuição de neurotransmissores do prazer, ficamos mais introspectivos e nossa energia cai, criando a oportunidade de reflexões internas para, quando a energia retornar, podermos planejar novos começos.

E há ainda o amor. Nós, seres humanos, somos seres sociáveis e o que permite nossa aproximação e a criação de vínculos é a emoção do amor. Ele serve para unir os casais por mais tempo, permitindo assim a criação dos "filhotes" e, também, para unir os pais as suas crias, garantindo proteção e sobrevivência pelo apego.

Sentimentos x emoções

Enquanto a emoção é a resposta imediata do corpo a estímulos externos – algo espontâneo, inconsciente e automático – o sentimento é o resultado de uma experiência emocional.

Podemos dizer que o sentimento é a racionalização da emoção.

Os sentimentos se desenvolvem a partir de uma emoção e são conscientes. É o que sentimos depois que uma emoção surge.

Isto quer dizer que não podemos controlar uma emoção, mas podemos controlar os nossos sentimentos.

O cérebro emocional

Nascemos com um cérebro imaturo que vai se desenvolvendo ao longo da vida e fica "pronto" somente depois dos 25 anos.

O córtex pré-frontal, área do cérebro responsável pela razão e pelos pensamentos lógicos, ainda não está formado e não tem conexão com a parte límbica, responsável pelas nossas emoções.

Isso significa que a criança não consegue ter um controle racional das suas emoções e precisa da nossa ajuda para desenvolver essa competência.

Na adolescência, as alterações no cérebro continuam. Mesmo já tendo um córtex pré-frontal mais desenvolvido que o da criança, ainda não está integrado totalmente à parte emocional, o que explica, muitas vezes, as alterações constantes de humor, a intensidade exagerada das emoções e, também, a predominância da experiência sobre a razão (fazer algo mesmo sabendo que não é o certo).

Educação socioemocional na prática

Promover educação emocional não é uma tarefa simples, ainda mais para quem não teve esse tipo de educação, mas é possível desenvolver a nossa própria inteligência emocional enquanto ensinamos. Com um pouco de conhecimento, intencionalidade e paciência, conseguimos fazer isso em casa, abrindo espaço também para maior conexão entre os membros da família.

A educação socioemocional começa desde o nascimento e, conforme nossos filhos crescem, precisamos adaptar as estratégias usadas as suas necessidades e às competências que eles precisam desenvolver.

Quando são bebês, por volta dos três meses, é possível começar desenvolver a **comunicação emocional**. Ao ficarmos cara a cara com o bebê, conversando e fazendo caras e bocas, estamos promovendo essa comunicação, demonstrando nossa disponibilidade e proporcionando a **conexão**. É a primeira vez que a criança se sentirá compreendida por outra pessoa, sendo o início também do desenvolvimento da **empatia**.

Durante a infância também conseguimos contribuir com o estímulo da **inteligência emocional** falando o nome das emoções, naturalizando o sentir e ajudando na regulação emocional.

É importante ser o exemplo e sermos sinceros sobre o que sentimos. A criança sabe quando estamos bravos ou tristes e, ao dizer que não é nada, acabamos atrapalhando seu aprendizado.

Não é preciso falar o motivo do nosso sentimento, mas podemos ser honestos e falar o que está acontecendo com a gente: "A mamãe está triste por algo que viu na TV. Pode me dar um abraço para ajudar a minha tristeza passar?".

Essa é uma forma de falar o nome da emoção e naturalizar o sentir. Podemos fazer isso em outras ocasiões quando, por exemplo, em vez de dizer "Pare de chorar!", **acolhemos** e **validamos o sentimento** da criança: "Percebi que ficou triste porque seu brinquedo quebrou, um abraço pode ajudar a se sentir melhor?".

É possível, ainda na infância, ensinar uma habilidade importante, que é a **tomada de decisões**, deixando a criança fazer pequenas escolhas no dia a dia. "Você quer comer banana ou maçã de sobremesa?", "Quer a blusa amarela ou a azul?".

Quando damos liberdade para pequenas decisões, desenvolvemos na criança a **capacidade de decidir** e, conforme ela cresce, podemos permitir decisões mais importantes de acordo com a sua idade. Além disso, sendo capaz de tomar as próprias decisões, também a ajudamos a desenvolver a **autonomia**.

Sempre que nossos filhos, seja uma criança de cinco anos ou um adolescente de 15 anos, nos apresentam alguma situação pela qual estão passando, podemos aproveitar para ensinar habilidades para **solução de problemas**, basta permitir que falem, ouvi-los com atenção (sem interromper e sem julgar) e perguntar o que pensam.

Muitas vezes, ao opinar sobre o que estão vivendo, chegam a hipóteses ou até conclusões sobre o que pode ser feito. Entretanto, são raras as vezes que permitimos que falem ouvindo de verdade, uma vez que acabamos interrompendo antes e dizendo nossa visão dos fatos e do que deve ser feito, não permitindo que cheguem a alguma conclusão.

Outra habilidade importante e que precisamos trabalhar desde cedo é a **responsabilidade**.

Vemos muitos pais de adolescentes, e até de jovens adultos, reclamando que seus filhos são irresponsáveis e, ao averiguar, vemos que nunca foi dada nenhuma responsabilidade. Apenas quando os pais achavam que eles já tinham idade para assumir alguma atribuição é que passaram a cobrar, sendo que a criança pode assumir algumas obrigações desde cedo, sempre respeitando sua fase de desenvolvimento.

Conclusão

Não começamos a andar de um dia para o outro, tampouco aprendemos a ler e a escrever num estalar de dedos. Nenhuma competência ou habilidade é desenvolvida do dia para a noite, é necessário ensinar, orientar, corrigir e acompanhar.

É importante entender que nossos filhos são seres em construção e, como pais, somos essenciais para essa obra se edificar. É nossa função prover esse ensinamento dentro de casa e garantir que foi absorvido.

Não podemos exigir controle emocional e atitudes assertivas de nossos filhos sem antes ensinarmos.

De fato, não é uma tarefa fácil, mas quanto mais praticamos, melhores ficamos. E quanto antes começarmos, mais chances teremos de ser bem-sucedidos nessa missão.

Não só nossos filhos, mas o mundo precisa de nós para que isso aconteça. Vamos juntos!

Referências

CAMINHA, R. M. *Educar crianças: as bases de uma educação socioemocional – um guia para pais, educadores e terapeutas*. Novo Hamburgo: Sinopsys, 2014.

GOLEMAN, D. *Inteligência emocional: a teoria revolucionária que redefine o que é ser inteligente*. 2. ed. Rio de Janeiro: Objetiva, 2012.

GOTTMAN, J.; DECLAIR, J. *Inteligência emocional e a arte de educar nossos filhos: como aplicar os conceitos revolucionários da inteligência emocional para uma compreensão da relação entre pais e filhos*. Rio de Janeiro: Objetiva, 2001.

NOLTE, D.; HARRIS, R. *As crianças aprendem o que vivenciam*. Rio de Janeiro: Sextante, 2003.

SIEGEL, D. J.; BRYSON, T. P. *O cérebro da criança: 12 estratégias revolucionárias para nutrir a mente em desenvolvimento do seu filho e ajudar sua família a prosperar*. São Paulo: nVersos, 2015.

SIEGEL, D. J. *Cérebro adolescente: o grande potencial, a coragem e a criatividade da mente dos 12 aos 24 anos*. São Paulo: nVersos, 2016.

22

USO DA TECNOLOGIA NA INFÂNCIA E NA ADOLESCÊNCIA

Este capítulo é uma breve introdução do que você precisa saber sobre o uso da tecnologia por crianças e adolescentes, com dicas práticas e caminhos possíveis de como norteá-los a fazer uso equilibrado e inteligente, a fim de maximizar os benefícios e minimizar os riscos da utilização dessa ferramenta. Venha com a gente nesta jornada e receba instruções para ajudar e guiar o uso consciente e saudável do digital.

PATRICIA REGINA DE SOUZA E DEISIANE TEODORO

Patricia Regina de Souza

Mãe da Izabella, do Victor e da Maria Vitória. Habilitação no magistério, graduada em pedagogia, pós-graduação em educação parental e inteligência emocional. Educação é minha paixão! Certificada pela academia Parent Coaching Brasil, empresa pioneira em certificação de *coaching* educacional e formação completa em educação parental, do método SER. Meu propósito de vida é contribuir para uma sociedade melhor.

Contatos
patynhars.souza@gmail.com
Facebook: @coachpatriciaregina
Instagram: @coachpatriciaregina
11 99223 8389

Deisiane Teodoro

Formada em administração, psicoterapia, educação parental e inteligência emocional. Ministra cursos e palestras para pais e educadores, no contexto familiar e escolar. Mãe do João Pedro, que foi a força propulsora para iniciar esta jornada. Acredita que o sucesso na educação dos filhos começa pelo autoconhecimento e reeducação dos pais. Tem como propósito ser agente de transformação das relações familiares e impactar positivamente as futuras gerações.

Contatos
dteodoro.oficial@gmail.com
Instagram: @dteodoro.oficial

Hoje o uso excessivo de tecnologia tem sido um dilema cada vez mais comum e intenso entre as crianças e os adolescentes. Constantemente, nos deparamos com noticiários alarmantes sobre os danos causados; e a maioria dos pais estão seriamente angustiados com o tempo que seus filhos passam na frente das telas.

Uma coisa é certa: a tecnologia não tem volta. Ela veio para ficar! Nosso real desafio é transformar esse uso em aliado, aprendendo a limitar e equilibrar o uso, sem precisar proibir totalmente o acesso nem permitir que seja utilizada em excesso.

Sabemos o quanto isso é desafiador, principalmente com as demandas do mundo moderno, porém, o efeito nocivo à saúde física e mental relacionado ao uso inadequado é profundamente preocupante. Os top 10 são:

1. Sono e distração.
2. Falta de foco e desatenção.
3. Dificuldade no aprendizado e na memorização.
4. Irritabilidade e *cyberbullying*.
5. Problemas de linguagens.
6. Obesidade e sedentarismo.
7. Distúrbio de imagem corporal.
8. Perda no rendimento escolar.
9. Falta do controle de impulsos e vício.
10. Infelicidade e apatia.

Diante desse cenário, pais, educadores e cuidadores sentem-se com medo, culpa, desencorajados, sem saber O QUÊ e COMO fazer para reduzir o uso de telas. Inclusive, profissionais da área de psicologia mencionam que uma pergunta frequente nos consultórios tem sido: o que fazer com o meu filho que passa horas no celular?

Parentalidade na era digital

É certo que estamos vivendo neste exato momento a maior das revoluções, a revolução digital. A tecnologia chegou para ficar, isso é fato e é inquestionável a tamanha importância e os avanços positivos que trouxeram para a nossa sociedade. Hoje a tecnologia já ocupa um lugar de destaque em muitas áreas das nossas vidas e vai continuar sendo exponencialmente importante para desenvolvimento e sucesso das futuras gerações. Por isso, o intuito não é "demonizar" o digital. Ao contrário disso, a tecnologia, quando usada de forma adequada, é potencializadora; o intuito é exatamente trazer consciência de como educar as crianças para fazer uso saudável e positivo dessa ferramenta.

Somos os pioneiros no enfrentamento desse desafio de educar as crianças para saber lidar e conviver de forma saudável com as tecnologias, a primeira geração de pais e educadores que vai trilhar esse caminho, e é esperado que saibamos desbravar, aprender, entender, para ensinar, orientar e mediar, dia após dia, nossas crianças e jovens.

Uso consciente das telas e da tecnologia

Você deixaria o seu filho fazer uma atividade – ainda que seja algo que você considera bom, como pintar, jogar bola, nadar, tocar um instrumento ou outras atividades – durante 7 horas, todos os dias, de segunda a segunda? É bem provável que você pense que é muito tempo para fazer uma única atividade, não é mesmo? Afinal, as crianças e os adolescentes têm outros afazeres, outras necessidades básicas, como comer, dormir, tomar banho, tarefas escolares, atividades esportivas, entre outras. E é saudável também que se ocupem de atividades colaborativas, familiares, adequadas para sua idade, além de brincar com os colegas, brincar ao ar livre e ter contato com a natureza. Assim como tempo livre para não fazer nada, afinal, o tédio é essencial para estimular a imaginação e a criatividade.

Pois bem, infelizmente isto já é uma realidade e a dra. Shimi Kang narra isso em seu livro *Tecnologia na infância*. Uma pesquisa realizada pela agência de marketing digital Sortlist revelou que, no Brasil, as pessoas gastam mais de 10 horas diárias na internet e é o segundo no ranking dos países que passam o maior tempo nas mídias digitais do mundo. Preocupante, não é mesmo? E a tendência é de crescimento ano após ano.

Fique ligado! Cuide do cérebro das crianças.

Brincar, imaginar e ler são ações fundamentais para o cérebro infantil. São nessas oportunidades que o cérebro cria e recruta o conhecimento, que será a base da capacidade de compreender, raciocinar analogicamente, inferir, pensar criticamente e, ainda, ter pensamentos inéditos. Quando trocamos tudo isso por entretenimento passivo, que não exige do cérebro qualquer tipo de esforço, perdemos um pouco de cada habilidade.

Fica aqui como tempo norteador a recomendação de uso de telas por faixa etárias segundo a Sociedade Brasileira de Pediatria: zero tela para criança até dois anos (nem passivamente); 1 hora por dia para crianças entre dois e cinco anos; 1 a 2 horas por dia para crianças de seis a dez anos; e de 2 a 3 horas por dia para adolescentes com idade entre 11 e 18 anos.

Uso ativo e uso recreativo das telas

A tecnologia traz benefícios e malefícios, e esses efeitos vão depender do uso que se faz dela – assim como a água na quantidade ideal mata nossa sede, nos mantém hidratados e vivos, mas em excesso pode alargar cidades –; a tecnologia também precisa ocupar um tempo e um espaço necessários nas nossas vidas e, principalmente das nossas crianças, dos nossos adolescentes. É importante, o quanto antes possível, estabelecer uso benéfico e moderado, buscando colocar em prática um uso ativo e saber ressignificar o recreativo.

No uso ativo, fazemos de forma consciente para atender as necessidades e, nesse contexto, decidimos o que, quando e onde utilizar. Devemos ser os protagonistas e essa utilização tende a ser benéfica.

Mas como saber se estamos usando de maneira ativa? Uma pista é refletir qual objetivo do uso e qual necessidade está sendo atendida.

Exemplo de uso ativo: pagar contas/boletos usando smartphone, fazer videochamada para família e amigos que moram distantes, plataformas digitais para estudo e trabalho, assistir a um filme para relaxar... Os exemplos aqui são limitados para demonstrar as infinidades de situações em que podemos utilizar a tecnologia de maneira ativa.

Já o uso recreativo refere-se àquela utilização em que não existe um objetivo benéfico e uma necessidade a ser atendida, é o uso passivo, considerado passatempo, distração e entretenimento. Esse age na área de prazer do nosso cérebro e está associada à liberação de neurotransmissores, como dopamina, que nos dá a sensação imediata de prazer, relaxamento, tranquilidade, felicidade – mas que também está vinculado ao risco dos vícios tecnológicos. Já percebeu como é gostoso rolar o *feed* e ver *posts* agradáveis, normalmente de coisas que você gosta, acredita e concorda? Essa é a programação feita pelas empresas de tecnologia para entregar mais do mesmo, mais do que você tem interesse para prender sua atenção pelo maior tempo possível. Sem falar em como é prazeroso receber *likes* e comentários naquela foto perfeita que você postou, não é mesmo? Isso nos traz sensação de validação, pertencimento, ser querido e importante. Se como adulto, com toda vivência e maturidade cognitiva, nos tornamos reféns das pseudoemoções digitais, imagine só como isso acontece no cérebro da criança e do adolescente com toda a sua parte cognitiva ainda em desenvolvimento e com um anseio gigante de se sentir importante, amado e pertencente!

O mundo virtual é um banquete cheio para suprir essas necessidades emocionais, mas infelizmente não estimulam com a mesma maestria as competências sociais e habilidades emocionais para as crianças reconhecerem quem elas são e a diferença entre o real e o virtual. É necessário vivência na vida real para desenvolver empatia, comunicação, solidariedade e tantas outras habilidades que a vida requer. O contato com seres humanos que praticamos há milhares de anos, desde que passamos a conviver em sociedade, é notório e indispensável. Afinal de contas, apesar da importância dos avanços tecnológicos, o convívio humano vai permanecer existindo e sendo o centro dos relacionamentos. Estamos educando nossas crianças para conviver com outras pessoas, seja nos relacionamentos familiares, afetivos, sociais ou profissionais. Sempre serão pessoas lidando com pessoas e utilizando tecnologia como ferramenta, por isso conectar com nossa essência humana e buscar o simples, o natural, se torna ainda mais indispensável na era digital.

Para impulsionar ainda mais a prática do uso da tecnologia de maneira ativa, é preciso desenvolver uma nova mentalidade. E que tal utilizar o questionário LQQ? Ele consiste em três perguntas que devemos nos fazer e responder antes de oferecer ou permitir o uso das tecnologias.

O **L** diz respeito à legitimidade; o **1° Q**, à quantidade; o **2° Q**, à qualidade.

Legitimidade: refletir se existe realmente uma necessidade imediata da criança para fazer uso da tecnologia, lembrando sempre de ter oferecido antes outras alternativas off-line de distração.

Quantidade: tempo necessário para o adulto fazer o que precisa ser feito, como atividade paralela ou tempo necessário para a criança se beneficiar de algo que precise das telas. Lembrando sempre que esse tempo precisa estar de acordo com o recomendado para faixa etária, e não se esquecer de comunicar e construir combinados com a criança sobre o tempo de uso.

Qualidade: diz respeito ao conteúdo, ao que vai ser consumido, exposto. É de extrema importância que os pais saibam e autorizem o que os filhos vão ver e jogar, pois também precisa estar adequado para a idade, ser um conteúdo benéfico, de qualidade, que tenha valor agregado – seja esse valor de conhecimento pedagógico, moral, espiritual ou outros.

Como proteger as crianças do vício e da dependência?

Depois de ler tudo isso, você deve estar pensando: mas e aí? O que e como fazer para nortear minha criança a fazer uso adequado desse universo digital?

Aqui vão algumas dicas que podem ajudar a reduzir ou evitar o uso excessivo das telas.

Podemos pensar em diversas situações em que pode parecer necessário – ou de fato ser – em nosso dia a dia, como pais, oferecer as telas para os pequenos como forma de apoio para conseguirmos responder a uma mensagem urgente, participar de uma reunião importante, cozinhar, comer ou infinitos outros momentos e demandas que surgem na vida do adulto, que precisa de tempo para fazer e resolver. Porém, diante dessas situações, o que devemos pensar antes de colocar as crianças para assistir ou jogar é: tenho alguma outra opção de distração nesse momento? Qual outra atividade fora das telas que meu filho gosta ou pode realizar? É preferível antes de ofertar distrações on-line, buscar e oferecer algo que possa ser experienciado off-line: pintar, desenhar, brincar com brinquedos, jogar no tabuleiro, cantar, dançar, criar, correr ao ar livre, andar de bicicleta, tomar banho de mangueira e tantas outras opções possíveis. Assim você terá o tempo livre que necessita e a criança desenvolverá habilidades psicomotoras, desenvolvendo e estimulando competências emocionais, vivenciadas no mundo real.

Espere e prolongue o máximo que puder para dar tablets, celulares, notebooks e videogames para as crianças. Quando der, estabeleça combinados e limites quanto ao tempo de uso, dias, locais de acesso e o que julgar pertinente dentro do seu contexto familiar. As regras precisam ser claras para a criança saber o que se espera dela e entender que se deve fazer bom uso dessa ferramenta.

Precisa ficar claro em quais situações não será feito o uso de telas, como durante refeições, antes de dormir ou quando houver pessoas ou visitas disponíveis. Não permita que sua criança use tela sem supervisão do que está sendo acessado. Criança sozinha e internet, não combinam!

Pais em construção

É parte da nossa função como pais e educadores orientar e conduzir as crianças em relação ao uso saudável, e como consumir de forma adequada essa ferramenta. Assim como é ensinada a diferença entre alimentos bons e alimentos ruins, onde muitos buscam evitar o consumo excessivo de açúcar por saber que em médio e longo prazo é prejudicial à saúde; assim também é necessário saber o que o excesso da tecnologia causa no cérebro e reflete nas emoções e comportamentos para que possa ser feita uma "dieta tecnológica" saudável para nossas famílias.

Esperamos, de coração, que você tenha curtido estar conosco ao longo desta leitura e que, por meio dela, tenha encontrado novas possibilidades de ressignificar a rotina da criança, ou ao menos instigado você a pensar e aprofundar mais o conhecimento sobre este assunto. Quando for necessário incluir a tecnologia, lembre-se: é indicado que o FOCO esteja sempre na prática para o uso ativo.

Aponte sua câmera para o QR code abaixo e tenha acesso a um material de apoio que pode ser impresso e fixado nos ambientes como lembrete visual para limitar o uso das tecnologias. Esperamos que gostem e seja útil.